MANUAL DE METODOLOGIA DA PESQUISA NO DIREITO

www.saraivaeducacao.com.br
Visite nossa página

Orides Mezzaroba
Cláudia Servilha Monteiro

MANUAL DE METODOLOGIA DA PESQUISA NO DIREITO

9ª edição
2023

Av. Paulista, 901, Edifício CYK, 4º andar
Bela Vista – São Paulo – SP – CEP 01310-100

SAC | sac.sets@saraivaeducacao.com.br

DADOS INTERNACIONAIS DE CATALOGAÇÃO NA PUBLICAÇÃO (CIP)
VAGNER RODOLFO DA SILVA – CRB-8/9410

M617m Mezzaroba, Orides

Manual de Metodologia da Pesquisa no Direito / Orides Mezzaroba, Cláudia Servilha Monteiro. – 9. ed. – São Paulo: SaraivaJur, 2023.
368 p.

ISBN: 978-65-5362-729-1 (Impresso)

1. Direito. 2. Pesquisa jurídica. 3. Metodologia. I. Monteiro, Cláudia Servilha. II. Título.

CDD 340.072
2022-3400   CDU 34.001.5

Índices para catálogo sistemático:
1. Direito: Pesquisa jurídica   340.072
2. Direito: Pesquisa jurídica   34.001.5

Diretoria executiva	Flávia Alves Bravin
Diretoria editorial	Ana Paula Santos Matos
Gerência de produção e projetos	Fernando Penteado
Gerência editorial	Thais Cassoli Reato Cézar
Novos projetos	Aline Darcy Flôr de Souza Dalila Costa de Oliveira
Edição	Jeferson Costa da Silva (coord.) Marisa Amaro dos Reis
Design e produção	Daniele Debora de Souza (coord.) Flavio Teixeira Quarazemin Camilla Felix Cianelli Chaves Claudirene de Moura Santos Silva Deborah Mattos Lais Soriano Tiago Dela Rosa
Planejamento e projetos	Cintia Aparecida dos Santos Daniela Maria Chaves Carvalho Emily Larissa Ferreira da Silva Kelli Príscila Pinto
Diagramação e Revisão	Kalima Editores
Capa	Laís Soriano
Produção gráfica	Marli Rampim Sergio Luiz Pereira Lopes
Impressão e acabamento	Gráfica Paym

Data de fechamento da edição: 28-11-2022

Dúvidas? Acesse www.saraivaeducacao.com.br

Nenhuma parte desta publicação poderá ser reproduzida por qualquer meio ou forma sem a prévia autorização da Saraiva Educação. A violação dos direitos autorais é crime estabelecido na Lei n. 9.610/98 e punido pelo art. 184 do Código Penal.

CÓD. OBRA 16275   CL 608163   CAE 818253

Dedicamos este trabalho ao Professor Doutor Cesar Luiz Pasold, ao Professor Doutor Luis Alberto Warat, à Professora Doutora Olga Maria Boschi Aguiar de Oliveira e aos demais incansáveis colegas professores de Metodologia da Pesquisa no Direito da Universidade Federal de Santa Catarina.

Nota à nona edição

Nesta nova edição estamos incorporando as diretrizes formais da ABNT publicadas até o ano de 2022 e renovando o nosso compromisso em possibilitar aos pesquisadores e alunos instrumentos teóricos e metodológicos imprescindíveis para a construção e o desenvolvimento de pesquisas diferenciadas e inovadoras nas mais diferentes áreas do conhecimento. Aproveitamos para externar os nossos agradecimentos a todos aqueles que, durante todos esses anos, utilizaram este *Manual de Metodologia* como importante instrumento de trabalho em seus estudos. A quem está pela primeira vez tomando contato com o nosso *Manual*, desejamos boa leitura e pleno sucesso na caminhada de pesquisador.

Nota à oitava edição

O *Manual de metodologia da pesquisa no Direito* chega a sua oitava edição como importante instrumento de trabalho de pesquisa para estudantes, professores e pesquisadores das mais diversas áreas do conhecimento. Inicialmente pensado para a área do Direito, o *Manual* conquistou públicos diferentes e hoje está consolidado no mundo acadêmico.

Desde a primeira edição, muitas foram as contribuições enviadas por alunos, professores e pesquisadores que deixaram o *Manual* mais consistente e representativo. A cada nova edição todas as sugestões foram devidamente analisadas e incorporadas ao texto original. Assim, agradecemos de forma muito especial a todos aqueles que ajudaram a consolidar o *Manual de Metodologia* como livro de apoio e de consulta indispensável em todas as regiões do Brasil.

Esta edição mantém a ideia central de que o processo de construção do conhecimento requer de cada um de nós o espírito sempre aberto na utilização de teorias e métodos para a realização de investigações científicas. Que o produto final dessas investigações possa apresentar algum tipo de contribuição, originalidade e inovação ante as complexas demandas sociais, políticas, econômicas e jurídicas de nossa contemporaneidade.

Nosso agradecimento e fraternal abraço aos nossos leitores.

Os autores.

Nota à sétima edição

Nesta nova edição do *Manual de metodologia da pesquisa no Direito*, reforçamos os agradecimentos aos estudantes, professores e pesquisadores que desde a primeira edição transformaram-no em importante ferramenta de trabalho no desenvolvimento de suas pesquisas.

Desde a primeira edição, muitas foram as contribuições enviadas por alunos, professores e pesquisadores que deixaram o *Manual* mais consistente e representativo. A cada nova edição todas as sugestões foram devidamente analisadas e incorporadas ao texto original. Assim, agradecemos de forma muito especial a todos aqueles que ajudaram a consolidar o *Manual de metodologia* como livro de apoio e de consulta indispensável em todas as regiões do Brasil.

Esta edição mantém a ideia central de que o processo de construção do conhecimento requer de cada um de nós o espírito sempre aberto na utilização de métodos e teorias consolidadas, a fim de que possamos inovar para enfrentar os desafios que o futuro nos reserva.

Sejam todos bem-vindos e boa leitura!

Nota à sexta edição

Nesta sexta edição do *Manual de metodologia da pesquisa no Direito* gostaríamos de agradecer a todos os Professores, Pesquisadores e Alunos de Graduação e Pós--Graduação das mais diferentes áreas de conhecimento que encontraram nesta publicação um companheiro inseparável para a realização de seus trabalhos e pesquisas acadêmicas.

Manifestamos novamente nosso reconhecimento e agradecimentos à Editora Saraiva que, com habilidade, profissionalismo e competência, tem levado e divulgado o *Manual* para todas as regiões do País.

Sumário

Nota à nona edição vii

Nota à oitava edição ix

Nota à sétima edição xi

Nota à sexta edição xiii

Introdução xxi

Parte I – Conhecimento **1**

1 O conhecimento e suas implicações **3**

  1.1 Confiando em nossas percepções 5

  1.2 Mas, afinal, o que é conhecimento? 7

    1.2.1 O conhecimento como processo 8

  1.3 Conhecimento e verdade 11

    1.3.1 A atitude dogmática 12

  1.4 Paradigmas do conhecimento 15

  Uma provocação: o mito da caverna 19

2 Modos de conhecer o mundo **22**

  2.1 Conhecimento mítico 24

  2.2 Conhecimento religioso 27

  2.3 Conhecimento filosófico 30

  2.4 Conhecimento vulgar 32

    2.4.1 Senso comum e senso crítico 38

  2.5 Conhecimento científico 41

  2.6 Algumas considerações sobre os modos de conhecer 45

Parte II – Método **47**

1 Método científico **49**

  1.1 Considerações sobre o método científico 49

  1.2 O método e os procedimentos técnicos 55

xv

2 Tipos de métodos científicos	**60**
2.1 Método indutivo	62
2.2 Método dedutivo	65
2.3 Método hipotético-dedutivo	68
2.4 Método dialético	70
2.5 Método sistêmico	76
3 Métodos auxiliares e referenciais teóricos	**84**
3.1 Métodos auxiliares	84
3.1.1 Método experimental	85
3.1.2 Método estatístico	86
3.1.3 Método histórico	87
3.1.4 Método comparativo	89
3.2 Referenciais teóricos	91
3.2.1 Teorias sistêmicas	93
3.2.2 Funcionalismo	94
3.2.3 Estruturalismo	95
3.2.4 Fenomenologia	96
3.2.5 Comportamentalismo	97
3.2.6 Empirismo	98
3.2.7 Positivismo e neopositivismo	98
3.2.8 Marxismo	99
Parte III – Pesquisa	**101**
1 Pesquisa	**103**
1.1 Pesquisa quantitativa e pesquisa qualitativa	106
1.1.1 Pesquisa quantitativa	107
1.1.2 Pesquisa qualitativa	108
1.2 Pesquisa teórica e pesquisa prática	110
1.2.1 Pesquisa teórica	110
1.2.2 Pesquisa prática	113
1.3 Pesquisa descritiva e pesquisa prescritiva	114
1.3.1 Pesquisa descritiva	114
1.3.2 Pesquisa prescritiva	115

xvi

2 Pesquisa acadêmica **117**

2.1 Monografia (trabalho de conclusão de curso de graduação, trabalho de conclusão de curso de especialização e/ou aperfeiçoamento) 118

   2.1.1 Estudo de caso 119

     2.1.1.1 Estudo de caso institucional 124

     2.1.1.2 Estudo de caso de categoria aplicada 124

     2.1.1.3 Estudo de caso factual 125

     2.1.1.4 Estudo de caso comparado 125

     2.1.1.5 Estudo de processos judiciais e/ou administrativos. 126

2.2 Dissertação 127

2.3 Tese 131

3 Projeto de pesquisa (ABNT 15287/2011) **134**

3.1 Componentes do projeto 136

   3.1.1 Capa 136

   3.1.2 Sumário 141

   3.1.3 Identificação 142

   3.1.4 Tema 143

   3.1.5 Delimitação do tema 147

   3.1.6 Problema 149

   3.1.7 Hipóteses e tese 151

   3.1.8 Variáveis 154

   3.1.9 Objetivos 155

   3.1.10 Justificativa 156

   3.1.11 Revisão bibliográfica (referencial teórico) 157

   3.1.12 Metodologia 159

   3.1.13 Estrutura da pesquisa na sua versão final 160

   3.1.14 Cronograma 161

   3.1.15 Orçamento 163

   3.1.16 Glossário 163

   3.1.17 Referências preliminares 164

   3.1.18 Apêndices e anexos 165

4 Estrutura final da pesquisa acadêmica **166**

4.1 Estrutura final da pesquisa acadêmica 166

xvii

4.1.1 Componentes da monografia 167
4.1.2 Componentes da dissertação 168
4.1.3 Componentes da tese 169
4.2 Especificações de cada elemento 171
4.2.1 Capa 171
4.2.2 Lombada 174
4.2.3 Folha de rosto 175
4.2.4 Errata 180
4.2.5 Folha de aprovação 180
4.2.6 Dedicatória 184
4.2.7 Agradecimento(s) 186
4.2.8 Epígrafe 186
4.2.9 Declaração de isenção de responsabilidade 188
4.2.10 Resumo em língua vernácula 190
4.2.11 Resumo(s) em língua(s) estrangeira(s) 192
4.2.12 Lista de ilustrações 193
4.2.13 Lista de tabelas 195
4.2.14 Listas de abreviaturas e siglas 195
4.2.15 Lista de símbolos 196
4.2.16 Sumário 200
4.2.17 Introdução 203
4.2.18 Corpo do texto 204
4.2.19 Conclusão 204
4.2.20 Referências (NBR 14.724/2011) 206
4.2.21 Glossário 206
4.2.22 Apêndice(s) 207
4.2.23 Anexo(s) 207
4.2.24 Índice(s) 208
Modelo de índice analítico 213
4.3 O problema do número de páginas e a bricolagem 214
4.4 O estilo da linguagem 216
5 Indicativos gerais de formatação do trabalho **218**
5.1 Formatação geral do trabalho 220
5.1.1 Paginação 220

xviii

5.1.2 Fonte	220
5.1.3 Margens	221
5.1.4 Divisão interna do texto	222
5.2 Formatação de parágrafos	227
5.2.1 Alinhamento	227
5.2.2 Recuo especial da primeira linha	227
5.2.3 Espaçamento entre parágrafos e entrelinhas	228
5.2.4 Parágrafos de citações diretas	228
5.2.5 Notas de rodapé	231
5.2.6 Resumo(s)	231
5.2.7 Referências	232
5.3 Elementos gráficos e visuais	232
5.3.1 Ilustrações	232
5.3.2 Tabelas	233
5.3.3 Abreviaturas e siglas	234
5.3.4 Símbolos	236
5.3.5 Equações e fórmulas	236
Parte IV – Outros trabalhos acadêmicos: fichas de leitura, trabalhos didáticos de graduação e *papers*	**237**
1 Fichas de leitura	**241**
1.1 Ficha de aula (palestra, seminário, conferência, painel)	245
1.2 Ficha bibliográfica	246
1.3 Ficha-resumo	248
1.4 Ficha-destaques	250
1.5 Ficha temática	252
1.6 Ficha reflexiva (crítica, analítica)	255
2 Trabalhos didáticos de graduação	**257**
3 *Papers*	**260**
3.1 Tipos de *papers*	*261*
3.1.1 *Paper* temático	261
3.1.2 *Paper* monobibliográfico	262
3.1.3 *Paper* autor/escola	262
3.1.4 *Paper* categorial	262
3.1.5 *Paper* comparativo	263

xix

3.1.6 *Paper*-resenha 263
3.1.7 *Paper*-resenha crítica 264
3.1.8 *Paper*-artigo científico 266
3.2 Estrutura do *paper* 267
Parte V – Normas para apresentação de trabalhos científicos de acordo com a ABNT 271
1 Citações 273
  1.1 Tipos de citações 274
  1.2 Citação indireta ou livre 275
  1.3 Citação direta ou textual 276
    1.3.1 Citações curtas 277
    1.3.2 Citações longas 277
    1.3.3 Regras para citações diretas 278
  1.4 Sistemas de chamadas para citação de fontes 285
    1.4.1 Sistema autor-data 285
    1.4.2 Sistema numérico 290
  1.5 Notas de rodapé 295
    1.5.1 Notas explicativas 296
    1.5.2 Notas de referências 297
  1.6 Numeração de páginas citadas 297
2 Referências 299
  2.1 Referência 299
  2.2 Regras para elaboração de referência 300
    2.2.1 Alinhamento 300
    2.2.2 Pontuação e elementos 301
    2.2.3 Títulos 302
    2.2.4 Abreviaturas 304
    2.2.5 Repetição de entrada de sobrenome nas referências ... 309
    2.2.6 Autor 310
  2.3 Modelos para citação nas Referências 314
Referências 321
Índice analítico 333

XX

Introdução

Os conteúdos filosóficos e metodológicos contidos neste *Manual de metodologia da pesquisa no direito* nasceram, em primeiro lugar, do acúmulo das reflexões, debates e experiências vivenciadas nas atividades de magistério superior na área e, em segundo plano, de nossas memórias das dificuldades diuturnamente experimentadas por alunos, colegas e em nossas próprias primeiras incursões no território das pesquisas acadêmicas. Da verificação dessas dificuldades recorrentes dos acadêmicos e pós-graduandos no Direito, quando se deparam com o problema formal da investigação científica, surgiram as bases temáticas que serão trazidas ao leitor de forma descomplicada e didática.

A necessidade de sistematicidade na realização e na apresentação dos resultados da pesquisa demanda a uniformização racional dos critérios metodológicos e formais básicos. Além disso, o rigor científico requisita a correção absoluta na fundamentação teórica que irá amparar o autor dos trabalhos acadêmicos em suas investigações. De qualquer forma, todas as diretivas encontradas neste *Manual* clamam pelo seu *uso racional* para que, a título de bom método, não se aprisionem as potencialidades criativas e o desprendimento do desejável talento do realizador da pesquisa. Na verdade, a partir de uma boa estrutura metodológica, qualquer candidato a pesquisador irá se sentir mais seguro para experimentar suas escolhas e desenvolver seu raciocínio de forma livre, porém, fundamentada.

Ao jovem pesquisador, este livro proporciona o descortinamento de algumas trilhas para alcançar a meta de um resultado sério de pesquisa na área jurídica, além das formalidades essenciais reclamadas pela Associação Brasileira de Normas Técnicas (ABNT). Ao pesquisador maduro, a obra procura organizar as regras metodológicas abalizadas por esta última instituição de referência e pelo ambiente de pesquisa mais sofisticada de alguns cursos de Direito brasileiros.

Além do instrumental teórico-prático, o leitor encontrará aqui notícias sobre referenciais teóricos de pesquisa que poderão inspirar estudos mais aprofundados ou apenas atualizá-lo a respeito de apenas algumas teorias de base que se apresentam no cenário de discussões científicas e filosóficas e que podem ser úteis ao esclarecimento das problemáticas jurídicas. Contudo, muitas questões são ainda polêmicas, sobretudo as que se referem ao método científico, ao estatuto teórico do próprio conhecimento jurídico, ao manancial quase inesgotável das metodologias jurídicas e assim por diante. Mas a riqueza dessas muitas controvérsias será deixada aqui propositadamente de lado, uma vez que o objetivo deste trabalho é meramente didático.

Todavia, este *Manual* insere-se justamente em um projeto maior de (re)discussão da atividade acadêmica de pesquisa. E será, por isso, seguido de novo material didático, já em fase de elaboração, contemplando aqueles estudos e reflexões mais profundos sobre *Pesquisa avançada no direito*. A proposta é abordar a riqueza da pluralidade metodológica disponível como ferramenta teórica de abordagem das questões que concernem aos objetos de investigação no território jurídico.

Este trabalho é dedicado a todos aqueles alunos que de forma direta ou indireta contribuíram com sua inquietação, dedicação e acuidade de sentidos na atividade de pesquisa sob a forma de terna inspiração para a realização dos resultados aqui alcançados.

Parte I
Conhecimento

1 O conhecimento e suas implicações

Provavelmente hoje pela manhã quando acordou, você teve à sua disposição energia elétrica para acender a luz e alimentar toda a parafernália eletroeletrônica de que qualquer cidadão médio dispõe hoje em dia: liquidificador, chuveiro, forno de micro-ondas, ferro de passar roupa, geladeira, rádio, aparelho de som, televisor, máquina de lavar roupa, aspirador de pó e, quem sabe, até um microcomputador. Somados a esses itens, você dispõe ainda do papel em que foi impresso este livro que agora está lendo, em uma cadeira ou em uma poltrona confortável, talvez em um belo sofá, e não vamos nos esquecer do automóvel ou de qualquer veículo que você utiliza para se locomover, ainda que transporte público.

Pois é, se você tem acesso a esses bens, entre muitos outros, saiba que eles não estavam aqui, disponíveis no planeta, antes de o homem assumir sua condição evolutiva hegemônica na Terra. Óbvio, não? Se quem inventou a lâmpada elétrica foi Thomas Edison, a imprensa, Gutenberg, o telefone, Graham Bell e o avião, Santos Dumont, como poderíamos crer que tudo isso veio do nada? Na verdade, imagine você um homem do século XV ouvindo falar de eletricidade, de transmissão de dados pelo espaço virtual, de viagem à Lua?

Essas invenções e descobertas só puderam ser produzidas pela civilização humana porque a capacidade de produzir conhecimento é inerente à nossa natureza. A humanidade possui hoje a faculdade plena de evocar qualquer forma de conhecimento. E o homem, buscando sempre algo mais que possa solucionar seus problemas, perseguindo as respostas para as adversidades que enfrenta, desencadeou crescente processo de atividade sobre a natureza, produzindo tecnologias – o resultado do conhecimento aplicado – e explorando tudo que encontra em seu meio, inclusive seu sistema de relações sociais, políticas e, até mesmo, a sua própria faculdade de conhecer.

Assim, o conhecimento é muito mais que uma meta a ser atingida; ele é, em si mesmo, um processo. Como um grande rio, antes de desaguar no oceano, o conhecimento tem em sua trajetória uma imensa variedade de formações nas paisagens mais diversas: recebe afluentes aqui e acolá, avoluma-se em determinados pontos e torna-se caudaloso, em outros trechos reduz drasticamente sua superfície quase se tornando mero riachinho, pode vencer etapas inteiras pela via subterrânea e produzir portentosa cachoeira bem diante de nossos olhos maravilhados, tudo isso antes de encontrar-se com o oceano infinito do conhecimento possível.

Por isso, esse processo de formação do conhecimento não é dotado de progressiva continuidade linear. Na verdade, incidentes de percurso promovem rupturas e reconstruções constantes nos conceitos, ideias e juízos estabelecidos pelas formas de conhecer a realidade.

1.1 Confiando em nossas percepções

A forma mais simples de conhecimento é aquela que provém das informações que recebemos através de nossos próprios sentidos. Vemos o sol nascer, atravessar o céu ao longo do dia e se pôr ao final da tarde, vivemos em um mundo colorido em que todos os objetos possuem uma cor que podemos identificar, testemunhamos diversos eventos da natureza e, assim, acreditamos em nossos sentidos para atestá-los como realidade. Esse modo naturalmente humano de conhecer é, entretanto, primário. A realidade não se limita àquilo que vemos, ouvimos, sentimos, àquilo que podemos verificar pelas sensações capitaneadas pelo nosso corpo físico.

Pois bem, uma forma de conhecimento chamado *científico* vem mostrando-nos ao longo dos séculos o quanto nossas impressões da realidade são equivocadas. Pelo

5

fato de ver o Sol se mover em torno da Terra, enquanto esta última permanece aparentemente parada, a humanidade já acreditou que nosso planeta restava imóvel, absoluto no centro do Universo, com não só o Sol, mas todos os astros orbitando resignados ao seu redor. Porque o horizonte é plano, o homem já acreditou que o mundo era quadrado. As cores, por exemplo, não existem na verdade nos objetos que vemos, são comprimentos diferenciados de ondas magnéticas que formam informação quando chegam ao nosso cérebro.

Temos, assim, tendência a encarar nossas percepções como pura realidade. E, além disso, frequentemente aceitamos passivamente toda forma de conhecimento que provenha de alguma pessoa que reconhecemos como uma "autoridade": nossos professores, nossos pais, o pároco, os escritores, os jornalistas, os autores em geral. A tendência é aceitarmos como verdade o que dizem esses personagens.

Como essa postura de confiança absoluta em nossas percepções diante das coisas reduz a capacidade de reflexão crítica, surgiram a Filosofia e a Ciência como modos diferenciados de operar o conhecimento de forma mais rigorosa. A Filosofia se desdobra em múltiplas áreas, duas das quais nos interessam agora: a Teoria do Conhecimento e a Epistemologia.

A Teoria do Conhecimento se preocupa em estudar os mecanismos da atividade cognitiva e os tipos de conhecimento existentes. O objeto da Teoria do Conhecimento é, portanto, o próprio conhecimento. A Epistemologia é outra área da Filosofia muito próxima da primeira, mas que se ocupa do estudo da própria Ciência. As preocupações epistemológicas são as que se voltam para a análise dos pressupostos, dos interesses e das ideias subjacentes aos grandes projetos científicos.

Não se preocupe com isso agora; por ora basta você entender que é possível não só conhecer, mas também refletir sobre o próprio teor do conhecimento, sobre o modo como se conhece e até sobre o processo de escolha dos objetos a serem conhecidos.

1.2 Mas, afinal, o que é conhecimento?

O conhecimento é o resultado de uma relação que se estabelece entre um sujeito que conhece, que podemos chamar de *sujeito cognoscente*, e um objeto a ser conhecido, o *objeto cognoscível*. O conhecimento é a ponte que os liga.

Ficou difícil? Então vamos colocar de outra forma: o objeto do conhecimento pode ser qualquer elemento, e não, necessariamente, um objeto físico inanimado, real e tangível. O objeto do conhecimento pode ser o próprio homem, podem ser ideias, conceitos abstratos, fenômenos da Física, fenômenos políticos, legislação, tributos...

7

O sujeito que conhece pode ser qualquer um de nós. Isso mesmo! É importante você saber que não é só o filósofo, o cientista ou o estudioso acadêmico de uma forma geral quem conhece. **Todos nós somos sujeitos do conhecimento!** Então, você traz consigo mesmo, como característica natural, o fato de ser um *sujeito cognoscente*, e tudo com que você se relaciona são seus *objetos cognoscíveis*. Todos somos capazes de produzir conhecimento, porém não necessariamente sob sua roupagem científica, como veremos mais adiante.

1.2.1 O conhecimento como processo

Pedro Demo (1994, p. 15-16) afirma com muita lucidez que o processo de evolução da humanidade está diretamente vinculado à qualidade do conhecimento adquirido. Mas, para isso, é necessário que o conhecimento "se elabore e reelabore no âmbito educativo".

O que esse autor quer dizer com isso é que herdamos de forma consciente e inconsciente todo um manancial de conhecimento acumulado que tendemos a reproduzir e desenvolver, atualizando-o de acordo com as novas perspectivas e necessidades do momento em que vivemos.

Diferenciadas formas de abordar a questão do conhecimento já se ocuparam em explicá-lo ao longo da história. Basicamente podemos perceber que esse esforço de compreensão oscila entre duas posições predominantes: o objetivismo e o subjetivismo, isto é, a tentativa de esclarecimento sobre o caráter do conhecimento tradicionalmente se limitou a estudar o alcance da relação entre o sujeito do conhecimento e o seu objeto a ser conhecido.

Para os objetivistas, os objetos devem ser apenas descritos, uma vez que sua essência é dada, faz parte da realidade. Cabe ao sujeito do conhecimento apenas desvendar a verdade ali existente. Portanto, todo conhecimento deve ter como condição a verificação empírica de seus resultados. Essa tendência empirista influenciou fortemente os positivistas e neopositivistas e ainda hoje possui larga aceitação nos meios científicos e filosóficos.

Para os subjetivistas, o ato de conhecer é uma operação própria do agente que conhece mediante o uso de sua razão. Racionalistas como Descartes e idealistas em geral assumiram a influência mais direta dessas formulações.

Talvez um dos maiores méritos de Kant tenha sido enfocar o conhecimento como uma *relação* entre sujeito e objeto, que deve ser avaliada por suas implicações recíprocas – o *transcendentalismo kantiano*. Hegel, por outro lado, apontou para o caráter dialético do conhecimento como produto de uma síntese entre sujeito e objeto, ou seja, entre racionalidade e realidade.

Outros autores, como Thomas Kuhn, defenderam a ideia de que o conhecimento é fruto de rupturas epistemológicas. A Epistemologia crítica de Gaston Bachelard, por sua vez, determinou uma reviravolta na forma de encarar os processos cognitivos. Para este último autor, o importante é perceber que o conhecimento é produto de uma relação que se dá em um contexto histórico.

Essas considerações são importantes porque nos colocam diante de problemáticas muito complexas atualmente, a era das grandes tecnologias em um mundo globalizado. A partir dessas ponderações de Bachelard, podem-se discutir mais profundamente as relações entre o conhecimento (o saber) e o poder, ou seja, a realidade da utilização política, ideológica e econômica do saber científico e a possibilidade de dominação que faculta. Mas essa discussão, contudo, não nos interessa agora.

Existem formas diferentes de conhecimento que estudaremos a partir do próximo capítulo: desde as formas precárias de conhecer, como o conhecimento mítico, até as mais sofisticadas, como o conhecimento científico-tecnológico, todas elas convivem e estão em muitos aspectos entrelaçadas, com uma ou outra predominando conforme o estágio evolutivo do homem em Sociedade.

O importante é você entender que *o conhecimento não é estático,* não é algo que se adquire como mercadoria exposta em uma vitrine. *O conhecimento é dinâmico.* Entenda o *conhecimento como processo.*

10

1.3 Conhecimento e verdade

Falar sobre conhecimento nos leva a tratar a problemática da verdade. Afinal, se almejamos alcançar a "verdade dos fatos", o "conhecimento verdadeiro", é preciso definir o que entendemos por *verdade*.

A noção de *verdade* pode ser compreendida sob dois aspectos bem diferentes que frequentemente são confundidos pelo investigador inexperiente ou pelos leigos em geral. *Verdade* é um atributo de uma proposição de caráter lógico cujo oposto seria a *falsidade*. Entretanto, a *verdade* também nos leva a considerar como tal tudo o que guardar conformidade com a realidade, algo que se apresente como um dado inquestionável, e seu oposto seria a *ilusão*, o *irreal*, a *mentira*.

O problema é que hoje sabemos que as verdades sobre os fatos, as ideias, a realidade, enfim, além de não serem absolutas, também podem ser transitórias, e até consensualmente aceitas. Que o Sol se movia em torno da Terra já foi tido como fato verdadeiro e incontestável. Em outro momento da história da humanidade era verdade para a Igreja católica que os índios não tinham alma e que os escravos de origem ou descendência africana não eram humanos. Einstein, por seu turno, confrontou fortemente os princípios da Física de Newton, aquela que nós aprendemos na escola.

Diante dessas "aberrações" provisórias, tenha muito cuidado com o que você entende como *verdade*, sobretudo com aquelas que aparentam ser absolutamente pacíficas. Às vezes são as mais perigosas, porque são inoculadas pelo *paradigma* em que desenvolvemos nossa atividade de conhecimento. É importante que você compreenda o poder assombroso e temerário que a atitude de admitir uma verdade *a priori* pode desencadear.

Atenção! Perigo!
Cuidado com o dogmatismo!

1.3.1 A atitude dogmática

Um *dogma* é uma verdade *a priori*, é algo que aceitamos como verdade já no ponto de partida de nosso raciocínio e que, portanto, não questionamos. O pensamento, ou a atitude dogmática, é aquele que trata seus objetos de conhecimento a partir de pressupostos aceitos como verdadeiros, dispensando qualquer modalidade de reflexão. As coisas, as leis, a vida já nos vêm apresentadas como dadas, pensadas, acabadas.

Diante de um fato novo, extraordinário ou excepcional, a tendência de um comportamento dogmático será reduzir esta nova realidade (extraordinária ou excepcional) aos padrões do já sabido e conhecido. Dessa forma, apesar de descobrirmos que existe algo de diferente daquilo que havíamos suposto, essa nova descoberta não abala nossas crenças e ideias anteriores. A confiança sobre a realidade anterior é mais forte e, portanto, se mantém intocável.

A atitude dogmática até pode aceitar que existe uma realidade externa a ser conhecida e até transformada, porém nada faz para que isso ocorra. O dogmático assume uma postura de indiferença sobre a realidade externa, optando por ficar completamente distante dos fatos que não lhe digam respeito. O dogmático é, entre outras coisas e antes de tudo, um omisso.

A postura dogmática nos condiciona a crer que o mundo existe tal como o percebemos. Só rompemos com a atitude *dogmática* à medida que somos capazes de *estranhar, indagar, questionar* determinado fato, coisa, lei, objeto, comportamento, que até então nos parecia normal.

Ser contradogmático significa *ser crítico*, mas,

atenção!!!

Cuidado com o sentido da expressão *ser crítico*. Primeiro, *ser crítico* não é ser adepto do criticismo de Kant,

13

nem partidário de Karl Marx; embora os marxistas sejam críticos, *ser crítico* não qualifica obrigatoriamente ninguém como seguidor da Teoria Crítica, a obra de uma plêiade de pensadores alemães do século XX que têm o conjunto de seu trabalho referenciado como Escola de Frankfurt; *ser crítico* nem mesmo significa que você deva ser "de esquerda", porque existe "direita" crítica também.

Cuidado, então, com as associações simplistas a que somos conduzidos no nosso dia a dia, porque *ser crítico* é simplesmente adotar uma atitude reflexiva diante do mundo. *Reflexão, indagação, não ser conformista e acomodado com o que nos apresenta o mundo.*

A atitude crítica não trata o conhecimento como uma caixinha fechada onde está contida uma quantidade determinada de informações acumuladas, mas como o processo cognitivo que capacita o homem para a *ação.*

E por que é perigoso o dogmatismo? Veja o que está acontecendo no Oriente Médio, com os confrontos cruéis entre israelenses e palestinos, todos acreditando em suas verdades dogmáticas, absolutas e incontestáveis. Veja o que aconteceu com a Alemanha de Hitler e seus dogmas arianos. Veja o que aconteceu na Bósnia, a limpeza étnica promovida pelos sérvios. E o fundamentalismo islâmico que não vê verdade fora de seu sistema de pensamento do Alcorão? Os exemplos são fartos em toda a história da humanidade e ainda hoje nas Sociedades contemporâneas. A experiência histórico-jurídico-social

14

brasileira não é uma exceção. *O dogmatismo é irmão gêmeo da intolerância e é por isso que é perigoso.*

1.4 Paradigmas do conhecimento

Se você já ouviu ou leu o termo *paradigma* por aí e buscou auxílio no nosso precioso *Dicionário Aurélio*, encontrou-o como sinônimo de modelo ou padrão. Mas essa definição explica muito pouco do que queremos realmente dizer.

Se você hoje se debruçar sobre um problema querendo obter respostas consistentes, terá que partir de um exame rigoroso de seu objeto. Nesse exame, você provavelmente sentirá necessidade de manter sua lucidez de pesquisador. Pois fique sabendo que quando fazemos pesquisa séria devemos ter absoluta clareza do ponto de vista sob o qual estamos analisando o nosso objeto. Esse ponto de vista, ou perspectiva, leva em consideração muitos aspectos diferenciados, e não se engane: apesar do ideal de neutralidade científica que nos acompanha desde o século XIX, você com certeza irá interferir com o produto de sua pesquisa; buscar o máximo de objetividade e imparcialidade é o máximo que você irá honestamente conseguir alcançar.

São muitos os fatores que interferem no processo de conhecimento; ter clareza deles faz parte de um resultado de qualidade de sua pesquisa. É por isso que hoje se discute tanto sobre os paradigmas. Quando você produz conhecimento, o faz dentro dos limites de um determinado paradigma, ainda que disso não tenha consciência.

Mas, afinal, o que são paradigmas?

Para todos os efeitos vamos fazer um acordo semântico sobre o assunto para que possamos entender por *paradigma* toda a constelação de crenças, valores e técnicas compartilhados por membros de um dado agrupamento em determinado momento histórico. Os grandes paradigmas são, na verdade, de ordem social e cultural. Dentro de cada paradigma existem pelo menos duas outras grandes esferas subparadigmáticas, que são a do *paradigma social em sentido estrito* e a do *paradigma epistemológico*.

No paradigma social em sentido estrito temos um perfil do modo como a sociedade se organiza, como identifica seus problemas, o modo pelo qual se habitua a respondê-los, o modo de produção econômica, sua forma de organização política e jurídica, enfim, seu modo de desenvolvimento. No paradigma epistemológico, temos a forma como a atividade científica enfrenta seus objetos de pesquisa.

Já vimos que Epistemologia é a parte da Filosofia que estuda os pressupostos da Ciência, por isso, quando analisamos os pressupostos da Ciência moderna, estamos procedendo a uma avaliação epistemológica. O termo *paradigma*

16

foi introduzido no campo da Ciência por Thomas Kuhn, em 1962, no livro *A estrutura das revoluções científicas*. Este pensador (epistemólogo) percebeu que quando um paradigma é aceito pela maioria da comunidade científica, ele acaba por conseguinte, impondo-se também como um modo obrigatório de abordagem dos problemas. Assim, um *novo paradigma* só pode surgir com a mudança das velhas crenças e formas de pensar. Foi assim que Nicolau Copérnico conseguiu provar que a Terra não era o centro do Universo e Einstein descobriu que uma coisa pode estar ou não no mesmo lugar no espaço de acordo com o ponto de onde se olha.

Podemos afirmar, então, que as limitações mais sérias que encontramos no processo de busca do conhecimento verdadeiro estão nas velhas crenças paradigmáticas conscientes ou inconscientes que predefinem nossas percepções e formas de pensar.

Vale ressaltar, entretanto, que muito embora um novo paradigma possa parecer suplantar ou substituir o paradigma atual, não devemos interpretar essa mudança como certa ou errada. Em seu lugar e tempo, cada paradigma oferece sua contribuição para responder a determinadas situações que inquietam o homem.

Desde o advento do Iluminismo estamos vivendo de forma evolutiva o chamado *paradigma da modernidade*. O que hoje se discute nas mais variadas áreas do conhecimento humano, como a Física, a Química, a Biologia, a Filosofia, a Administração ou o Direito, é o esgotamento desse paradigma. À medida que seus postulados não têm sido mais capazes de responder de forma consistente aos problemas atuais, o paradigma hegemônico da modernidade é posto em xeque. Chegamos à *crise dos paradigmas*.

Vivemos atualmente o que o sociólogo português Boaventura de Sousa Santos (2000, p. 15-16) chama de *transição paradigmática*:

> Ao contrário do que se passa com a morte dos indivíduos, a morte de um dado paradigma traz dentro de si o paradigma que lhe há de suceder. [...] A passagem entre paradigmas – a transição paradigmática – é, assim, semicega e semi-invisível.

O paradigma emergente ainda não se consolidou, não mostrou a que veio, são só promessas e expectativas que aos poucos vêm sendo vislumbradas. O Direito, por exemplo, tem passado por um banco de provas diante das novas metodologias jurídicas que vêm sendo desenvolvidas, a Biologia passou por uma verdadeira revolução com a pesquisa genética; são apenas sinais de que **o novo** se avizinha.

Assim, se você vai se colocar diante de uma problemática significativa com propósitos cientificamente sérios, é bom assumir a condição de um ser desperto que tem consciência do endereço paradigmático do qual parte para realizar seu projeto.

18

Uma provocação: o mito da caverna

Agora, vamos contar para você uma história, o *mito da caverna*, a partir de uma alegoria de Platão (1986, 514a-518b) relatada na obra *A República*:

Vamos imaginar um grupo de homens adultos que habita uma caverna, cuja abertura permite a entrada da luz. Nossos personagens estão ligados uns aos outros, pelas pernas e por seus pescoços, por cordas. De tal modo atados que não podem mudar de posição, estando assim obrigados a permanecerem voltados para o fundo da caverna, de costas para sua entrada iluminada. Ao fundo veem apenas uma parede onde apenas se refletem as sombras daqueles que passam pela frente da caverna.

Digamos que exista um pequeno muro, da estatura de um homem, próximo à entrada da caverna. Por trás desse muro, outros homens passam frequentemente carregando sobre as costas estátuas de pedra e madeira, com as formas mais variadas, de maneira que lá no alto o Sol projeta sua luz sobre esses objetos contra a parede ao fundo da caverna, e os sons emitidos no exterior chegam ao seu interior como ecos.

Esses homens aprisionados na caverna jamais conheceram o mundo exterior, e, portanto, a dimensão da realidade que conhecem se reduz àquelas sombras projetadas a sua frente e aos sons ecoados a distância. Portanto, para esses habitantes da caverna, as sombras são sua realidade e os ecos, o som real emitido por elas.

Agora vamos supor que um desses homens consiga romper seus grilhões e consiga sair da caverna, com muita dificuldade e sendo atingido por uma luz cuja intensidade jamais havia percebido antes. Ainda que se sentindo naturalmente perdido, aos poucos acostumaria sua visão à nova cena e, habituando os ouvidos, passaria a distinguir melhor os sons anteriormente indistintos.

Vendo as estatuetas se movendo sobre o muro, perceberia que são muito mais ricas de detalhes e mais bonitas do que as sombras que conhecia projetadas. Agora as sombras é que lhe parecem irreais. Passando para o outro lado do muro, nosso herói liberto fica em um primeiro momento tonto, ofuscado, com medo e confuso diante de tanta luz, mas depois passaria a ver as coisas em si mesmas, veria o próprio Sol.

Entretanto, se daria conta de que seus companheiros da caverna ainda estavam em sua obscura ignorância acerca de tudo e principalmente do Sol, fator original que proporcionava as sombras na caverna. A causa última das coisas daquele mundo.

Por amor, nosso homem volta à caverna para libertar seus irmãos da ignorância e da prisão. Mas, quando volta, ele é recebido como um louco, seus antigos companheiros não creem no que lhes conta sobre a realidade lá fora, e ele não mais se adapta àquela realidade que eles pensam ser a verdadeira: **a realidade das sombras**. E nosso herói é simplesmente desprezado.

Para Platão, o processo de conhecimento está representado pela passagem das sombras e imagens turvas ao luminoso universo das ideias. Tudo aquilo que não pode ser visto claramente no plano da sensibilidade acaba se transformando em objeto de crença a partir do momento em que temos condição de percebê-lo com nitidez.

Se você chegou até aqui, já deve ter se dado conta dos compromissos inadiáveis que todos nós temos diante do mundo que encontramos.

2 Modos de conhecer o mundo

Como você pôde perceber no primeiro capítulo, o conhecimento é o produto de uma relação entre duas realidades distintas: de um lado, um *sujeito cognoscente*, e, de outro, um *objeto cognoscível*.

À medida que o *sujeito* entra em relação com o *objeto*, ele passa a penetrar em suas características. Quando o *sujeito* conhece a *essência* do *objeto* pode reconstruí-lo teoricamente e dar-lhe um novo significado.

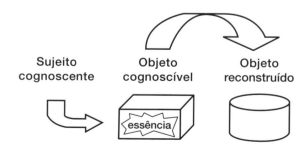

Ativando sua capacidade de estabelecer relações de conhecimento, o homem consegue penetrar nas mais diferentes áreas da realidade. Este processo, porém, pode se dar de diferentes maneiras, conforme a postura adotada pelo sujeito diante de seu objeto. São os modos de se conhecer o mundo.

Vamos chamar, pois, a isto de *mundo cognoscível*. Como ele pode ser interpretado a partir de diferentes formas, cada interpretação sempre vai depender do enfoque que se der ao conhecimento.

Considerando as diferentes manifestações possíveis dos modos de conhecer, vamos estudar as cinco mais relevantes: o *Mito*, a *Religião*, a *Filosofia*, o *Senso comum* e a *Ciência*.

Cada um deles procura, a seu modo, desvendar os segredos do mundo, atribuindo-lhe um determinado sentido. Eles não são excludentes, muito pelo contrário: à medida que uma forma de conhecimento não consegue explicar determinada realidade ou fato, uma outra poderá oferecer uma explicação razoável. Podemos afirmar, então, que cada forma de conhecimento, na medida do possível, complementa ou se sobrepõe à outra. Assim, você pode concluir que seu estudo departamentalizado aqui cumpre apenas objetivos meramente didáticos.

2.1 Conhecimento mítico

O vocábulo *mito* vem do grego *mythos*, que significa *fábula*. O mito é um relato de uma história fabulosa ou heroica cujo tempo da narrativa reconduz a um passado distante. Os conteúdos desse tipo de discurso podem variar tematicamente: o poder, a vida e a morte, o bem e o mal, o homem e o mundo, a saúde e a doença, a sorte e o azar, e assim por diante.

Você já deve ter ouvido falar, lido alguma coisa ou, muito provavelmente, assistido a filmes que façam referência, por exemplo, à mitologia grega, aos deuses do Olimpo, aos trabalhos de Hércules, a Apolo, a Diana, a Zeus etc. A mitologia romana, por sua vez, promoveu uma adaptação da anterior, conferindo, entre outras apropriações, novos nomes para os deuses, Zeus se torna Júpiter e Apolo, Marte. A mitologia hindu é riquíssima em relatos míticos sobre o início do mundo e outras questões de ordem existencial recorrentes na história da humanidade. No Brasil, temos também uma diversificada mitologia indígena que procura explicar o mundo a partir do contato do homem com a natureza e possui também suas figuras mitológicas como o deus Tupã.

O conteúdo do mito não precisa ser necessariamente um feito heroico, pode ser também fenômenos da natureza. Os mitos podem ser utilizados ainda para explicar situações, acontecimentos e indicar personalidades. Basta que seja apresentado na forma de uma fábula, ou seja, uma alegoria:

uma história rica em detalhes fantásticos que tende a nos imprimir certo impacto quando a ouvimos.

Na prática, o conhecimento mítico surge a partir do desejo humano de dominar o mundo, afugentando o medo e a insegurança. Diante das leis da natureza, desconhecidas e assustadoras, o homem passa a atribuir-lhes determinados valores e explicações.

Essa forma de conhecimento opera por uma forma especial de comunicação, lançando mão de metáforas para transmitir seus conteúdos implícitos. Por isso, decifrá-los demanda frequentemente um grande esforço de interpretação. Apesar de aparentemente não guardar nenhuma relação com a realidade histórica, o mito pode servir justamente para contar fatos históricos, mas de um modo diferente – como fábula ou lenda – e, dessa forma, pode ter até sentido de verdade.

Como modalidade de conhecimento, o mito na Antiguidade desempenhava o papel de Ciência, de Teologia e de Filosofia, campos do saber que com o passar do tempo foram-se estruturando teoricamente até conquistarem uma área própria de estudo.

O mito, então, antecede a Ciência, que por seu turno irá negá-lo. O conhecimento científico, como veremos no próximo capítulo, opõe-se radicalmente ao conhecimento mítico, isso porque, a partir de Aristóteles, a Ciência trabalha com raciocínios analíticos, demonstrando seus postulados de forma rigorosa. Bem mais tarde, Descartes vai impor o critério da evidência como índice seguro para o raciocínio lógico. Portanto, o imaginário mítico perde sua força como campo do conhecimento, mas sobrevive ainda hoje nas nossas complexas sociedades atuais sob as mais variadas formas, inclusive permeando sensos teóricos de variáveis científicas como, por exemplo, os famosos mitos da Ciência Jurídica.

Como primeira forma de dar significado ao mundo na contemporaneidade, podemos constatar que o mito, como expressão de desejo por segurança, continua muito presente. Em determinados momentos criamos ou reproduzimos histórias fantasiosas que nos tranquilizam, que nos servem como exemplos e nos guiam em nossas tarefas no dia a dia.

Outros exemplos encontramos na mídia, quando nossos desejos e anseios primitivos e inconscientes são provocados. São os super-heróis de histórias em quadrinhos, dos desenhos animados ou heróis da indústria cinematográfica que surgem como protetores contra as forças do mal. A civilização ocidental disseminou uma cultura maniqueísta que vê o mundo sempre de uma forma bipartida: a luta do bem contra o mal.

Determinados políticos que rapidamente são transformados em exemplos de dignidade, ética e moralidade. Como não votar num sujeito que apresenta tais qualidades? Os artistas e desportistas que são transformados em modelos exemplares de força, saúde e sucesso. As telenovelas que penetram em nossos lares estabelecendo padrões de moda e comportamento, apresentando-nos um mundo que sabemos irreal, mas que nos conforta porque neutraliza nosso sentimento de insegurança diante da vida e padroniza nossas atitudes, desejos e expectativas.

Você, com certeza, já pôde perceber que o conhecimento mítico é um modo lúdico, ingênuo, fantasioso, anterior a toda a reflexão, e não crítico de buscar explicações para fatos desconhecidos pelo homem. Isso é assim porque o mito se apresenta como uma *verdade instituída*, que dispensa a apresentação de provas para ser aceita.

2.2 Conhecimento religioso

O conhecimento religioso trabalha no plano da *fé* e pressupõe a existência de forças que estão além da capacidade de explicação do homem, instâncias divinas consideradas criadoras de tudo o que existe. A ideia de um vínculo humano e terreno, com um plano transcendente divino ou racional, cumpre a mesma função. A religião se expressa por meio de doutrinas, filosofias, preceitos de ordem ética e pode incorporar ou não rituais sagrados.

Agora você já percebeu que a ideia de *sagrado* é própria do conhecimento religioso ou teológico. Esse modo de conhecer o mundo crê num conjunto de verdades preexistentes porque já são apresentadas prontas aos seus seguidores, por isso se usa a expressão *revelação* para indicar o somatório das crenças nas quais se apoia cada religião. Como são revelações, frequentemente, não podem ser questionadas, por isso a maior parte das religiões, ainda que não todas, andam de mãos dadas com o dogmatismo.

Aliás, a noção de *dogma*, tal como a entendemos hoje, vem da Igreja católica medieval e de seu esforço por regular toda a explicação do mundo. Assim, por exemplo, para ser católico, você deverá aceitar, por sua livre opção de consciência, alguns dogmas, ainda que não possam ser empiricamente verificados como evidentes: Maria, mãe de Jesus, era virgem. Jesus é, ao mesmo tempo, Deus e filho de Deus. Crer na Santíssima Trindade e assim por diante. Para ser muçulmano, você deverá render suas orações ao profeta Maomé e chamar seu Deus de Alá. São muitos os exemplos de dogmatismo vinculado ao conhecimento religioso. Se você tem uma religião, faça um exercício de verificação de quantas coisas você deve estar impelido a acreditar por sua fé.

Outro termo que pode também coexistir com o conhecimento religioso é *mistério*, tudo aquilo que a nossa inteligência é incapaz de explicar ou compreender, tudo o que é oculto, provocando a curiosidade, a busca por uma explicação racional.

Diante do mistério, portanto, podemos agir de duas formas: tentamos conhecê-lo, penetrando-o com o esforço pessoal da inteligência – nesse caso, a nossa atitude reflexiva e de investigação diante dos procedimentos que compõem o mistério poderá nos levar para o conhecimento científico ou filosófico –, ou, por outro lado, passamos a aceitar as explicações daquele que já tenha desvendado os segredos do mistério, o que implicará atitude de fé perante o conhecimento que nos é revelado.

A fé religiosa estará sempre ligada a determinada pessoa que revele os mistérios divinos. Assim, é necessário que tal pessoa, que conhece e vive os mistérios de Deus, faça as suas revelações aos demais, os quais as aceitam mediante um ato de fé, como foi o caso de Jesus para o Catolicismo e vários outros tipos de segmentos religiosos cristãos, de Maomé para o Islamismo, de Allan Kardec para o Espiritismo, de Martinho Lutero para os luteranos ou de Calvino para os calvinistas.

O homem encontra na Religião um auxílio fortalecedor diante de uma realidade física muitas vezes adversa e inexplicável, vinda da natureza ou das próprias relações sociais que cria. Além disso, um dos maiores mitos existenciais humanos que é a morte encontra nela uma resposta alentadora. Mas o conhecimento religioso, além de proporcionar certo conforto, também pode veicular um rígido sistema de padrões morais a serem observados. E foi por isso que desde os primórdios da experiência societal humana na Terra, passando pela Antiguidade e a Idade Média e chegando até os dias de hoje, a Religião sempre foi utilizada estrategicamente como forma adicional de controle sobre a conduta dos indivíduos.

2.3 Conhecimento filosófico

A origem do vocábulo *filosofia* está na Grécia: *philosophia*, que significa *amor à sabedoria*.

O *conhecimento* filosófico pode ser definido como uma forma de pensar, uma postura de reflexão diante do mundo. Ele não se apresenta como um conjunto de conhecimentos prontos, um sistema de pensamento acabado ou fechado em si próprio. Filosofar significa refletir criticamente sobre alguma coisa.

O objeto do conhecimento filosófico se constitui de realidades que não são perceptíveis pelos nossos sentidos. Assim, por ser um conhecimento de ordem suprassensível, ele ultrapassa a experiência. A Filosofia caminha, assim, no mundo das ideias.

Essa forma de conhecer busca, acima de tudo, pensar e refletir sobre os acontecimentos, coisas, objetos, muito além de sua pura aparência. Dessa forma, podemos aplicar a Filosofia a qualquer área do conhecimento. Ela pode, inclusive, pensar o conhecimento científico, seus métodos, seus valores, seus pressupostos, quando, então, a chamamos de *Epistemologia*, pode pensar o conhecimento religioso, o conhecimento mitológico, a arte, o homem, a vida, o mundo. Tudo pode ser objeto de reflexão do conhecimento filosófico, até o próprio ato de conhecer em si.

O conhecimento filosófico não tem compromissos com **a verdade**, mas com **as verdades** possíveis. Assim, ele pode incomodar a forma de ser das pessoas, do mundo, porque questiona a cultura e as práticas políticas, econômicas e culturais, enfim, toda e qualquer forma de ser e agir. Para a Filosofia não existem limites para indagações, questionamentos e reflexões.

O compromisso da Filosofia é buscar os significados mais profundos de cada ato e fato. Para ela, não basta conhecer somente o funcionamento das coisas, deve-se conhecer, fundamentalmente, o significado delas na ordem geral do mundo.

O ato de filosofar é um exercício de inteligência que pode partir da teoria para elaborar outras infinitas teorias. O exercício de filosofar está diretamente vinculado à reflexão sobre a realidade, independentemente de qual seja, a fim de descobrir os seus significados mais profundos.

Ao filósofo cabe refletir sobre, por exemplo: O que é liberdade? Quem é o homem? O que é trabalho? Quais são as relações existentes entre homem e trabalho? Em vez de apresentar soluções e respostas para as indagações, o filósofo pode articular novas interrogações e problemas.

Para Jaspers (1971, p. 38), a essência da Filosofia está na procura do saber e não em sua posse. Ela trai a si mesma e degenera quando é posta em fórmulas previamente estabelecidas.

Como espaço de conhecimento, a Filosofia busca compreender a realidade em seu contexto mais universal. Ela não tem o compromisso em apresentar soluções definitivas para os grandes problemas que envolvem o nosso dia a dia. Como conhecimento privilegiado, a Filosofia proporciona condições para que, no uso de suas faculdades, cada homem possa dar um sentido melhor para a sua vida.

Agora pare e reflita: se o conhecimento filosófico nos proporciona essa capacidade de refletir criticamente e de nos emanciparmos diante do mundo, então,

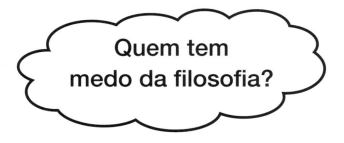

2.4 Conhecimento vulgar

Podemos chamar de *conhecimento vulgar*, *conhecimento espontâneo* ou *senso comum* a todo aquele saber que resulta de experiências levadas a efeito pelo homem ao se defrontar com os problemas decorrentes de sua existência. Não estamos sozinhos em nossa convivência social. Trocamos informações com nossos contemporâneos, além de receber informações que nos são repassadas pelas gerações anteriores, as quais captamos, assimilamos e adaptamos a nossa realidade, ou seja, o nosso senso comum, aquele conjunto de noções gerais que temos do mundo e que operamos constantemente no nosso dia a dia, e que também é uma forma de conhecimento.

O que acontece é que a grande quantidade de informações que são construídas, herdadas, repassadas e reconstruídas por nós nem sempre são apresentadas de forma sistematizada, isto é, nem sempre se reflete e se pensa devidamente a respeito delas. Em determinados meios, essas informações convivem ao lado de inúmeras crenças e mitos vividos pelo grupo social.

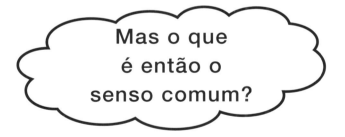

Senso comum é um tipo de conhecimento que está ao alcance das pessoas comuns, justamente por não serem especialistas como o filósofo, o cientista ou o teólogo.

Quando você pratica uma atividade repetidamente ao longo dos anos, e gerações e gerações ao longo dos

33

séculos, a tendência é ir formando aos poucos certas concepções de como as coisas devem ser feitas e pensadas naquela área. Veja a milenar prática do comércio. A ideia contida na lei desenvolvida pela Economia chamada *Lei da oferta e da procura* é conhecida pela humanidade desde os seus primórdios, praticamente desde que o homem principiou suas atividades mercantis. Todo mundo sabe que qualquer produto com pouca disponibilidade vale muito mais, não é?

Essas noções fazem parte do nosso senso comum e só muito mais tarde veio a Ciência Econômica corroborá-la como postulado científico. Assim, o senso comum é um tipo de conhecimento que se baseia naquela nossa experiência do dia a dia. Diferente, portanto, do conhecimento científico, como veremos adiante, que exige um planejamento rigoroso nas suas análises.

O problema é que o senso comum é destituído de teor crítico, uma vez que não nos preocupamos em questionar as razões primeiras de tudo aquilo que aceitamos passivamente como verdadeiro. Em outras situações, o senso comum pode ficar vinculado tão somente às aparências, como quando tendemos a acreditar nas coisas tais quais as percebemos, sem nos atermos a sua essência.

São essas certezas que formam muitas vezes nossas vidas e o próprio senso comum disseminado na Sociedade em que vivemos. Essas informações, sendo transmitidas de geração em geração, acabam, muitas vezes, transformando-

-se em crenças absolutas, inquestionáveis e preconceituosas, por não admitirem opiniões divergentes.

Olha aí os perigos do dogmatismo de novo!!!

Pois bem, diante de todas essas considerações, podemos destacar como próprias do senso comum as seguintes características:

- ✓ é um conhecimento *subjetivo*, por exprimir sentimentos e opiniões individuais e de grupos, sempre variando de uma pessoa para outra ou de um grupo para outro, de acordo com as condições em que cada pessoa ou grupo vive;
- ✓ é um conhecimento *qualitativo*, pois todos os objetos, as coisas, os fatos são julgados por nós como leves ou pesados, belos ou feios, quentes ou frios, grandes ou pequenos, justos ou injustos, certos ou errados, e assim por diante;
- ✓ é um conhecimento *heterogêneo*, pois sempre julgamos os fatos, os objetos, as coisas de forma diferente, porque os

percebemos como distintos entre si. É o caso de uma pena que flutua e qualquer outro objeto mais pesado que cai; para nós eles representam acontecimentos diferentes;

✓ por ser *qualitativo* e *heterogêneo,* o senso comum acaba sendo um conhecimento individualizador, pois cada coisa, objeto, fato acaba sendo visto de forma independente, autônoma. O fogo é quente, o papel é macio, o algodão é áspero etc. Entretanto, o senso comum também é generalizador, quando procura reunir numa só ideia ou opinião aqueles fatos ou objetos completamente distintos, ou seja, quando, sem qualquer critério, acabamos reunindo assuntos bem diferentes, como aspectos particulares das plantas com os dos animais;

✓ como resultado da *generalização,* o *senso comum* como conhecimento tende a inspirar relações de causa ou efeito entre fatos ou coisas, de forma simplista. Por exemplo: "diga-me com quem andas e te direi quem és", "onde há fumaça, há fogo", "quem sai na chuva é para se molhar", "menino de rua é delinquente" etc.

(CHAUI, 1994)

Enfim, por intermédio do senso comum, o homem conhece o objeto em sua ordem aparente, busca uma explicação no que concerne à razão das coisas e do mundo, tudo isso pela observação, pelas experiências feitas ao acaso, sem qualquer método, critério ou procedimento. O conhecimento é obtido por meio das circunstâncias pessoais vividas ou então absorvidas do saber dos outros ou das práticas vivenciadas pela coletividade.

    Agora, vamos entender uma coisa: o fato de um conhecimento ser produto do senso comum não tem como consequência necessária a ausência de explicação científica para o mesmo fato, isto é, a Ciência pode vir até a confirmar o senso comum em vários casos, como pode destruir suas bases em outros momentos. Por exemplo, o senso comum acumulado na milenar experiência agrícola da humanidade no mundo ensina que para ter os melhores frutos é necessário plantar com a seleção das melhores sementes já produzidas. Então, há muito tempo o homem do campo descobriu que se reservar as melhores espigas de milho de sua colheita para a produção da safra seguinte, terá melhores resultados do que se lançar ao solo os piores grãos colhidos. Pois bem, a Ciência, por meio da Genética, acabou comprovando a mesma coisa.

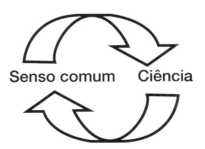

    Por mais que o senso comum apresente uma visão precária, distorcida e incompleta do mundo, por ele também

37

a Ciência evoluiu e ainda evolui, pois os conhecimentos acumulados pelas diferentes gerações também podem possibilitar a evolução da Ciência. É ela, como conhecimento articulado, metódico e sistematizado, que vai, entre outras tarefas, verificar e comprovar ou não a veracidade do saber apresentado pelo conhecimento vulgar.

2.4.1 Senso comum e senso crítico

Enquanto o senso comum reflete aqueles (pre) conceitos tão tranquilamente aceitos que uma ideia contrária se apresentaria como um grande disparate, o senso crítico permite ao sujeito cognoscente o exame das problemáticas que são seu objeto de atenção de forma profunda e rigorosa. O indivíduo dotado da habilidade crítica desconfia das opiniões geralmente aceitas. Vê com reserva, portanto, a hegemonia do senso comum. Mas, mais do que isso, o pensador crítico promove uma autorreflexão enérgica sobre seus próprios conhecimentos pré-adquiridos, suas próprias opiniões sobre o mundo.

Agora vamos abordar outra questão importante. O discurso da neutralidade é também um discurso ideológico. Pense no poder que determinada forma de conhecimento assume quando invoca para si critérios de neutralidade! O indivíduo dotado de capacidade crítica sabe disso e vai além das aparências dos discursos, buscando os valores que esses transmitem de forma velada em seus resultados. Compromissos valorativos não são proibidos a ninguém, nem ao cientista, nem ao filósofo, tampouco são obrigatórios. O estudioso lúcido, ao mesmo tempo em que se aproxima da essência de seu objeto de conhecimento, guarda um distanciamento crítico regulamentar, ou seja, preserva seu discernimento individual, sua capacidade de reflexão e julgamento.

Podemos, então, deduzir que o senso crítico está diretamente vinculado às habilidades desenvolvidas presumivelmente por meio de estudos, leituras, reflexões e da aplicação prática desses conhecimentos. Desenvolver o senso crítico é o resultado do trabalho progressivo do amadurecimento intelectual do indivíduo.

E este indivíduo com determinado grau de senso crítico deve procurar demonstrar algumas características fundamentais, como veremos no quadro a seguir.

Características gerais do pensador crítico:

✓ atitude de constante curiosidade intelectual e questionamento;

✓ habilidade de pensar logicamente;

✓ habilidade de perceber a estrutura de argumentos em linguagem natural;

✓ perspicácia, isto é, a tendência a perceber além do que é dito explicitamente, descobrindo ideias subentendidas e subjacentes;

✓ consciência pragmática, um reconhecimento e apreciação dos usos práticos da linguagem como meio de realizar objetivos e influir sobre outros;

✓ distinção entre questões de fato, de valor e questões conceituais;

✓ habilidade de penetrar até o cerne de um debate, avaliando a coerência de posições e levantando questões que possam esclarecer a problemática.

(CARRAHER, 1999)

Enfim, podemos concluir que quando adquirimos senso crítico, mesmo que só tenhamos apenas uma área de especialização, conseguimos levantar dúvidas sobre aquilo em que comumente se acredita, procuramos explorar rigorosamente outras alternativas por meio da reflexão e da avaliação de evidências, sempre com a curiosidade de quem nunca está satisfeito com o seu estado atual de conhecimento.

E, **Bingo!**

Deixamos de ser passivos diante do mundo. Abandonamos nossa confortável posição de espectadores para nos transformarmos em sujeitos de nossa própria história.

40

2.5 Conhecimento científico

O conhecimento científico vai muito além do senso comum. Com o seu método de análise podemos conhecer e investigar os objetos, os fatos, as coisas, a partir de suas causas, efeitos e leis próprias.

O primeiro modo de conhecer desenvolvido de forma mais rigorosa pela civilização ocidental foi a Filosofia. O conhecimento filosófico, desde a Antiguidade Clássica, já requisitava a capacidade de elaboração de raciocínios sofisticados e mais profundos do que aqueles encontrados no conhecimento mítico, religioso ou vulgar.

A noção de Ciência é posterior à de Filosofia e surge intimamente ligada a esta última. Apesar do esforço aristotélico em promover a classificação das ciências, restava incólume o grande impulso filosófico na forma de pensar o mundo de então.

Naquele período, a Ciência se caracterizava como uma forma de pensamento absolutamente certa, pois sabia explicar as razões de sua certeza. Além disso, a Ciência era caracterizada pela sua generalidade: buscava conhecer o mundo objetivo para, na sequência, aplicar como válidas as suas formulações teóricas a todos os casos da mesma espécie. E esse quadro não sofreu grandes alterações até a Renascença.

O conhecimento científico propriamente dito é uma conquista tardia da humanidade. Foi entre os séculos XVI e XVII, com a revolução científica deflagrada por Copérnico, Bacon, Galileu, Descartes e outros pensadores, que a Ciência conquistou campo próprio de investigação e de reflexão. Daquele momento em diante, ela passou a utilizar métodos próprios de pesquisa, separando-se, então, definitivamente do conhecimento filosófico.

Com a utilização de métodos rigorosos, a Ciência passou a atingir um tipo de conhecimento sistematizado, preciso e objetivo, o que veio a possibilitar o estudo, a descoberta e o desenvolvimento de relações entre os objetos, fatos e coisas existentes no mundo. Isso permitiu que o homem passasse a prever os acontecimentos, possibilitando a ação humana de forma mais eficiente e segura sobre as leis da natureza. Além disso, a Ciência começou a se especializar cada vez mais, perdendo seu caráter geral. Veja hoje em dia como já dispomos de áreas superespecializadas na pesquisa científica, como, por exemplo, a Robótica.

Utilizando-se de critérios cada vez mais rigorosos, a Ciência busca a todo instante desvendar as verdades do mundo. Para isso, ela segue construindo métodos que proporcionem controle, sistematização, revisão e segurança sobre o seu campo de investigação e que possibilitem estabelecer uma distinção bem definida das outras formas de saber consideradas como não científicas.

Na contemporaneidade, podemos destacar as seguintes características do conhecimento científico:

✓ é um conhecimento *objetivo*, pois procura analisar a constituição universal do objeto investigado;

✓ é *homogêneo*, pois procura analisar as leis gerais de funcionamento dos fenômenos, que são as mesmas para os fatos que nos parecem diferentes. Assim, por exemplo, por meio da lei universal da gravitação podemos comprovar que a queda de uma pedra e a flutuação de uma pena obedecem à mesma lei de atração e repulsão no interior do campo gravitacional;

✓ é *diferenciador*, pois não procura reunir nem generalizar os objetos, coisas, ideias pelas suas semelhanças aparentes. O conhecimento científico, acima de tudo, procura estabelecer a distinção entre os objetos, coisas, fatos que se pareçam iguais, desde que obedeçam a estruturas diferentes;

✓ através do conhecimento científico, o homem pode *libertar-se de todo medo e superstições* que o afligem, deixando de projetá-los no mundo e nos outros homens;

✓ como conhecimento que procura refletir as necessidades de cada momento de determinado grupo social, o conhecimento científico procura *renovar-se e modificar-se*, como forma de evitar a transformação das suas teorias em doutrinas que alimentem qualquer tipo de preconceito

43

> social. Todo e qualquer fato que envolva um trabalho científico requer do indivíduo uma investigação paciente, lenta, gradativa e sempre aberta para mudanças, não sendo um mistério incompreensível e distante para os homens, e muito menos uma doutrina geral sobre o mundo.
>
> (CHAUI, 1994)

A Ciência é concebida hoje como aquela forma de conhecimento que está constantemente perseguindo as explicações, as soluções, as revisões e as reavaliações dos seus próprios resultados, tendo, contudo, plena consciência de sua falibilidade e de seus limites.

Como você pode perceber, não podemos ver a Ciência como algo pronto e acabado. Ela não pode ser vista como a detentora de verdades inquestionáveis e imutáveis.

Assim, por ser dinâmico, o conhecimento científico procura renovar e reavaliar continuamente as suas definições. Podemos afirmar, portanto, que

> *o conhecimento científico está em permanente processo de construção.*

2.6 Algumas considerações sobre os modos de conhecer

Você já pôde perceber até aqui que entre os modos de conhecer não existe uma hierarquia valorativa totalmente fixa. Isso porque cada forma de conhecimento cumpre sempre uma função estratégica para o homem, senão muitas. Assim, o valor de cada forma de conhecimento é relativo aos fins que se pretende atingir em cada momento.

Você já sabe então que o conhecimento mítico opera em função de perpetrar uma mensagem velada para seus destinatários. O meio de transmissão é o mito: um relato em forma de fábula que intenciona nos passar subliminarmente conceitos e até preconceitos. Você sabe também que o conhecimento religioso pode igualmente desempenhar esse papel, só que em função da ideia de fé. E, por fim, já compreendeu que o conhecimento filosófico pode proporcionar um alto grau de reflexão em seu trabalho indagativo sobre qualquer assunto. Pois bem, mas se desde o primeiro capítulo já falávamos que todos nós podemos ser sujeitos do conhecimento, que tipo de conhecimento é esse que produzimos?

Para responder a essa pergunta, vamos logo abrindo as portas e as janelas de nosso raciocínio. Já oxigenou sua mente? Ok, então agora entenda que você, tanto no seu dia a dia quanto em ocasiões especialmente controladas, está apto a produzir qualquer forma de conhecimento, desde que observe seus elementos identificadores mínimos.

Se você inventa ou conta uma historinha para uma criança, cheia de personagens ou eventos heroicos, intencionando por meio dela inculcar algum tipo de sentimento ou comportamento, você está utilizando o mito no seu entendimento mais clássico.

Se você estuda e reproduz os ensinamentos doutrinários recebidos em sua fé religiosa, obviamente já sabe que tipo de conhecimento você está produzindo ou reproduzindo, não é?

Mas se você se acomoda em sua confortável poltrona e começa a pensar com seus botões no sentido da vida, do belo, e assim por diante, você está filosofando.

Todos esses modos de conhecer o mundo que estudamos aqui também podem ser verificados no território jurídico. Com isso queremos dizer que o conhecimento jurídico em sentido amplo envolve um verdadeiro arsenal de ferramentas cognitivas que ultrapassam os limites estreitos do conhecimento científico tradicional.

Parte II

Método

1 Método científico

No nosso dia a dia associamos método com ordem e organização. Pois bem, na esfera do conhecimento, da investigação (pesquisa) ou de qualquer atividade intelectual, o vocábulo *método* está associado ao termo *metodologia*, que é o estudo dos métodos utilizados no processo de conhecimento.

Mas, afinal, qual a importância do método para uma investigação científica? Será que o método é determinante para um trabalho científico? Quais são as características do método? Quais são os tipos de métodos de que dispomos para realizar uma investigação científica?

1.1 Considerações sobre o método científico

Você já viu que, como conhecimento metódico, sistemático, programado, a Ciência tem como principal objetivo a busca da verdade sobre as coisas, os fatos, as ideias. Este, no entanto, também é o objetivo das demais formas de conhecimento.

> **Pergunta:** O que distingue, então, o conhecimento científico dos outros conhecimentos?
>
> **Resposta:** A possibilidade da verificação de seus resultados.

O conhecimento científico tem uma característica especial: os raciocínios e as técnicas que utiliza podem ser claramente identificados. Quando sabemos exatamente qual foi o caminho seguido, poderemos proceder com exatidão à verificação dos passos percorridos até o resultado final. Esse caminho seguido, o roteiro seguro que guia o cientista em suas investigações, é o método por ele utilizado.

Vamos então definir de forma provisória e geral o método como *o caminho que adotamos para alcançar determinado fim*. Então, fica fácil para você deduzir que o método científico é *o caminho seguido pelo cientista na persecução de seus resultados investigativos almejados*.

Veja bem, é necessário que você compreenda com clareza que

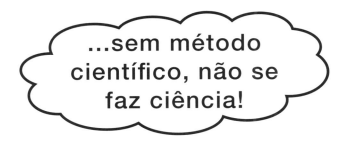

Mario Bunge (1987), com muita precisão, destaca que o método científico é a teoria da investigação. Assim, para que a investigação alcance os seus objetivos de forma científica, é necessário que ela cumpra ou se proponha a cumprir algumas etapas básicas, tais como:

✓ **ETAPA 1: Descobrimento do problema ou lacuna num conjunto de conhecimentos.** A partir de então, caso o problema não esteja enunciado com clareza e precisão, passa-se à etapa 2; se estiver, passa-se à etapa 3;

✓ **ETAPA 2: Colocação precisa do problema.** Nesta etapa o problema deve ser recolocado à luz dos novos conhecimentos já articulados ou em processo de articulação;

✓ **ETAPA 3: Procura de conhecimentos ou instrumentos relevantes ao problema.** Neste momento o pesquisador deverá levar em consideração as teorias, os dados empíricos, as tecnologias existentes, para, a partir do conhecido, tentar resolver o problema;

✓ **ETAPA 4: Tentativa de solução do problema com o auxílio dos meios identificados.** Caso esta tentativa não logre êxito, deve-se passar para a etapa 5; do contrário, passa-se à etapa 6;

✓ **ETAPA 5: Invenção de novas ideias (hipóteses, teorias ou técnicas) ou produção de novos dados empíricos** que possibilitem uma solução razoável ao problema;

✓ **ETAPA 6: Obtenção de uma solução próxima ou exata para o problema** a partir dos instrumentos conceituais ou empíricos disponíveis;

✓ **ETAPA 7: Investigação das consequências da solução obtida.** No caso de uma teoria devem-se procurar os prognósticos que possam ser feitos com o seu auxílio. No caso de novos dados, devem-se examinar as consequências que possam ter para as teorias existentes e relevantes;

✓ **ETAPA 8: Prova (comprovação) da solução.** A solução encontrada deve ser confrontada com a totalidade das teorias e das informações empíricas pertinentes. Caso o resultado seja satisfatório, a pesquisa pode ser dada por concluída até que novos problemas surjam. Caso contrário, deve-se passar para a etapa 9;

✓ **ETAPA 9: Correção das hipóteses, teorias, procedimentos ou dados empregados na obtenção da solução incorreta.** Caso isto venha a ocorrer, estaremos diante do começo de um novo ciclo de investigação, caminho natural de qualquer indivíduo que queira buscar novos conhecimentos.

(BUNGE, 1987)

Das etapas mencionadas acima podemos verificar que nenhuma é suficientemente específica e precisa para nos permitir, por si só, executar o passo correspondente na pesquisa, por exemplo: para que possamos levar adiante qualquer investigação, é necessário que entremos no assunto. É preciso adquirir determinados conhecimentos, atentar para tudo aquilo que ignoramos, escolher o tema que se quer averiguar, planejar a melhor maneira de fazê-lo, além de outros aspectos que devem ser observados.

O método científico não supre os conhecimentos, etapas, decisões e planos necessários para a investigação; no entanto, pode ser de extrema importância para que possamos ordená-los, precisá-los e enriquecê-los. Em última instância, como salienta Bunge (1987, p. 26), *o método forma, não informa.*

O método representa muito mais uma atitude do que propriamente um conjunto de regras prontas e acabadas para resolver qualquer tipo de problema, ou seja, a melhor forma de investigar, de buscar soluções para os problemas ditos *científicos* está no estudo e na aplicação dos modelos de pesquisas que já tenham demonstrado consistência teórica e prática. Será, portanto, a partir desses conhecimentos já consolidados que poderemos refletir sobre o presente e quem sabe começar a abrir espaços para a construção de novos paradigmas.

No passado a ideia que prevalecia era a da possibilidade de construção de um método universal aplicável a todas as áreas do conhecimento. Hoje, porém, falamos em uma diversidade de métodos que sempre dependerá do tipo de objeto que se está investigando, dos argumentos que fundamentam a pesquisa. Dessa forma, em cada campo do conhecimento, como a Matemática, o Direito, a Física, a Sociologia etc., existem diferentes métodos de investigação. Veja o que Mario Bunge diz a respeito:

O homem inventou um mundo de procedimentos para fazer de tudo, desde naves espaciais até teorias sobre teorias. Alguns desses procedimentos são regulares e foram formulados explicitamente como outros tantos conjuntos de regras. Neste caso costumam ser chamados de *métodos*. Nem toda atividade racional, porém, foi regulamentada. Em particular, ninguém encontrou, e talvez nem possa encontrar, métodos (ou conjuntos de regras) para inventar coisas ou ideias. A criação original, ao contrário das tarefas rotineiras, não parece ser regulamentável. Em particular, *não há métodos (regras) para inventar regras (métodos)*. E, reciprocamente, o trabalho regulamentado, ou o regulamento, não se distingue pela sua criatividade. Os que acreditam o contrário, ou seja, que existem métodos para tudo, e que para se fazer qualquer coisa é necessário e suficiente aprender os métodos correspondentes, são metodólatras a quem não se deve nenhuma contribuição original obtida por meio dos métodos que preconizam.

Ao modo de proceder característico da ciência convencionou-se chamar de *método científico*. O nome é ambíguo. De uma parte é merecido porque existe e é eficaz. Por outro lado a expressão "método científico" é enganosa, pois pode induzir a crer que consiste num conjunto de receitas exaustivas e infalíveis que qualquer um pode manejar para inventar ideias e pô-las à prova. Em verdade, não existem tais receitas populares para investigar. O que existe é uma *estratégia da investigação científica*. Há também um grande número de táticas ou métodos especiais característicos das diversas ciências e tecnologias particulares. Nenhuma dessas táticas é exaustiva e infalível. Não basta lê-las num manual; é preciso vivê-las para compreendê-las. E não dão resultado todas as vezes. Seu êxito depende não só da tática ou método mas também da escolha do problema, dos meios (conceituais e empíricos) disponíveis e, em medida não menor, do talento do investigador. A pessoa de talento cria novos métodos, não o inverso.

(BUNGE, 1987, p. 34)

1.2 O método e os procedimentos técnicos

Juntamente com o vocábulo *metodologia* podemos destacar outras duas categorias distintas entre si, que são: o *método* e os *procedimentos técnicos*.

Você já sabe que um método é um caminho adotado para alcançar determinado objetivo. Mas, para que você possa realizar os seus objetivos conforme o caminho que escolheu, deverá, na sequência, escolher o(s) procedimento(s) técnico(s), os instrumentos que serão adotados.

Vamos colocar a questão em outro plano para compreender melhor essa diferença. Podemos traçar um paralelo, fazer uma analogia entre método e procedimento técnico e os termos *estratégia* e *tática*.

Com certeza, falando ou ouvindo falar de futebol e de guerra, você, muito provavelmente, já deve ter tido contato com a ideia de estratégia e tática.

Vamos relembrar:

No futebol cabe ao técnico montar uma estratégia com todo o seu time para vencer o adversário. O mesmo ocorre quando se estabelece uma estratégia para vencer a guerra. Em ambos os casos o termo *estratégia* está relacionado com o método. Só que em diferentes territórios. Muito bem, depois de estabelecida a estratégia, uma ou várias táticas passam a ser articuladas a fim de se alcançar o objetivo proposto.

No caso do futebol, taticamente, determinado jogador recebe a tarefa de marcar com exclusividade o jogador mais importante do outro time. O treinador determina, taticamente, jogadas pelo alto, jogadas pela esquerda, jogadas pela direita ou jogadas pelo meio, de acordo com os pontos fracos que o adversário apresenta. Caso o time esteja ganhando, a instrução tática que todos os jogadores podem receber é a de valorizar a *posse de bola*; com isso, a cobrança de qualquer falta passa a levar uma eternidade.

No caso de uma guerra, diferentes táticas são montadas para enfraquecer ou desarticular o inimigo, de tal forma que, se uma das táticas traçadas não alcançar os seus objetivos, ela não comprometerá, totalmente, o resultado da guerra. Prevalece, neste caso, o jargão popular "perde-se uma batalha mas não se perde a guerra", ou seja, uma ou outra tática pode não dar certo, mas o objetivo inicialmente estabelecido de não perder a guerra continua sendo observado.

Mas, voltando para o terreno da Ciência, na investigação científica, a partir do momento em que estabelecemos o método de abordagem da pesquisa, o passo seguinte será o de articular um ou vários procedimentos técnicos, instrumentos ou técnicas que vamos adotar para executar a atividade pretendida.

Neste caso, para operacionalizar o procedimento técnico, podemos utilizar vários recursos, como, por exemplo: coleta e análise de dados; pesquisa, seleção, leitura, análise e fichamento do material bibliográfico encontrado; realização de entrevistas, pesquisa de campo; e articulação dos conceitos operacionais que servirão de base para a análise do objeto de pesquisa, além de outros instrumentos particulares de cada modalidade de investigação.

> Assim, enquanto o método pode ser definido como "a forma lógico-comportamental-investigatória na qual se baseia o pesquisador para buscar os resultados que pretende alcançar", a técnica pode ser definida como "um conjunto diferenciado de informações reunidas e acionadas em forma instrumental para realizar operações intelectuais ou físicas, sob o comando de uma ou mais bases lógicas de investigação".
>
> (PASOLD, 2002, p. 87-91)

No entanto, não existe um só método, mas métodos variados que podem ser adotados ou até mesmo criados pelos pesquisadores. A Metodologia Científica não deve jamais funcionar como controle pré-sistematizado das estratégias de pesquisa empregadas pelo investigador, o que significaria o aviltamento de sua liberdade de pensamento e ação.

A compreensão da importância do método para a pesquisa merece, por isso, ultrapassar os limites formalmente rigorosos das exigências do projeto cientificista próprio ao advento do positivismo no século XIX. A utilização de métodos científicos implica oferecer transparência e objetividade na investigação, que, assim, poderá ser submetida à verificação, uma vez que explicita com clareza os critérios metodológicos adotados.

Vale ressaltar, entretanto, que atualmente o valor de uma pesquisa está diretamente vinculado ao seu grau de inter ou transdisciplinaridade. Dessa forma, um método não exclui outros tipos de pensamento, bem como não exclui a possibilidade de cada pesquisador desenvolver sua própria forma de analisar o objeto, seu próprio método de investigação. Obviamente que, nesse caso, ele terá o compromisso de apresentar todos os pressupostos e premissas utilizadas na construção de seu raciocínio, para que possa se fazer compreender e, fundamentalmente, para que os resultados obtidos possam ser verificados, testados e comprovados.

2 Tipos de métodos científicos

Afirmamos que a observação dos métodos científicos é estritamente necessária para que sua pesquisa seja considerada científica. Agora, veja bem, ainda que esses métodos sejam chamados *científicos*, isso não significa que sejam utilizados apenas para fazer Ciência. Muito pelo contrário, se você é um pensador da área da Filosofia, deverá aplicar em suas investigações um método de sua escolha ou desenvolvimento que lhe possibilite o tratamento rigoroso e o resultado eficiente de seu trabalho.

Além disso, saiba que Ciência não é só a Física, a Química ou a Biologia. O estatuto teórico de Ciência é alcançado por uma ampla gama de áreas do saber, tal como as Ciências Humanas e Sociais, as Ciências Jurídicas, e assim por diante. Então, podemos falar de Ciência Política, de Ciência Econômica etc.

Esses métodos científicos de que vamos tratar agora pressupõem ao menos uma das *formas de organização*

60

do raciocínio que poderá ser empregada na pesquisa. A partir delas o pesquisador poderá optar pelo alcance de sua investigação, pelas premissas que explicarão os fatos, as coisas, os objetos, e pela validade de suas generalizações. Portanto, quando falamos em raciocínio, estamos nos referindo a um modo de pensar ordenado, coerente e lógico.

Considerando as *formas de organização do raciocínio*, podemos classificar os métodos científicos em: *indutivo, dedutivo, hipotético-dedutivo, dialético* e *sistêmico*.

Além desses métodos científicos considerados como primordiais e reciprocamente excludentes na atividade investigativa, temos outros métodos que podem ser igualmente empregados de forma concomitante com os primeiros, de acordo com as condições e os objetivos finais a serem alcançados. Esses métodos auxiliares cumprem, por conseguinte, uma função técnica estratégica. Vamos destacar, no próximo capítulo, somente alguns, os mais relevantes e mais frequentemente utilizados na pesquisa em Ciências Humanas e Sociais.

Considerando a *perspectiva para o tratamento do problema* a ser investigado, podemos aplicar as mais variadas correntes de pensamento. São os *referenciais teóricos* que também conheceremos no capítulo seguinte: grandes *metodologias* (*teorias de base* ou *marcos teóricos*) que se apresentam com caráter lógico consistente para embasar uma pesquisa sobre determinado fenômeno ou categoria a ser examinada.

Teremos, então, as perspectivas ou matrizes teóricas: *positivista, neopositivista, marxista, estruturalista* etc.

Quando o pesquisador determina a *forma de organização do raciocínio* em sua pesquisa, adotando um método científico principal e, possivelmente, um ou alguns métodos auxiliares, isto é, *instrumentais*, o que ele na verdade está fazendo é procurar garantir a objetividade necessária para o tratamento dos objetos, dos fatos, das coisas que ele pretende investigar.

Desse conjunto de opções metodológicas fundamentais, o nosso pesquisador poderá com certeza extrair dados e conclusões consistentes, e a partir daí o conhecimento que produz não poderá mais ser chamado de mítico, vulgar ou religioso, e sim científico ou filosófico.

2.1 Método indutivo

O método indutivo permite que possamos analisar nosso objeto para tirarmos conclusões gerais ou universais. Assim, a partir, por exemplo, da observação de um ou de alguns fenômenos particulares, uma proposição mais geral é estabelecida para, por sua vez, ser aplicada a outros fenômenos. É, portanto, um procedimento generalizador.

Podemos, então, afirmar o seguinte:

> *O propósito do raciocínio indutivo é chegar a conclusões mais amplas do que o conteúdo estabelecido pelas premissas nas quais está fundamentado.*

De acordo com o método indutivo, as conclusões não devem ser buscadas aprioristicamente: elas deverão sempre resultar da observação de repetidos fenômenos que confirmem uma resposta para o problema.

Os argumentos utilizados nesse tipo indutivo de operação mental levam a resultados plausíveis, mas não dotados daquele grau de rigor que a Lógica chama de *conclusões necessárias*.

Vamos pensar agora em algumas hipóteses de aplicação do método indutivo em investigações científicas de áreas diferenciadas, por exemplo, em Sociologia e em Bioquímica.

Vamos imaginar essa situação: os jornais dão cobertura a um grande caso de corrupção de um proeminente magistrado nacional. O cidadão leigo em Sociologia utiliza seu senso comum para refletir e chega à seguinte conclusão:

Se aquele juiz "X" é corrupto, logo todos os juízes também são!

Pois bem, essa operação mental realizada por aquele cidadão representa o raciocínio indutivo. Por *indução* se chega a uma conclusão a partir da generalização da observação de um fenômeno. O resultado você mesmo já está em condições de ponderar.

Mas, **atenção**, não se engane! O método indutivo é o responsável por verdadeiros prodígios, como, por exemplo, nas pesquisas farmacêuticas. A própria penicilina foi descoberta pela utilização da indução. Como, todavia, isso pode ocorrer?

Ora, veja bem, você está procurando um remédio para determinado tipo de doença, e em sua pesquisa acaba descobrindo que uma substância química "Y" tem a capacidade de regenerar determinado tipo de células doentes. A partir daí você pode promover uma indução e chegar à conclusão de que aquele princípio químico pode regenerar qualquer célula. Se sua conclusão for constatada, verificada, **Bingo!** Você encontrou a cura do câncer! Obviamente, muitas pessoas não confiariam em tal raciocínio; outras confiariam cegamente.

Dessa forma, o método indutivo fundamenta-se na generalização de propriedades comuns em determinado número de casos possíveis de ser observados em todas as ocorrências de fatos similares que sejam verificadas no futuro.

Por fim, podemos concluir que o método indutivo é uma forma de organizar o raciocínio da pesquisa, que é o pressuposto básico para a existência de qualquer tipo de Ciência experimental, pois sem a existência do método indutivo a concepção de Ciência estaria limitada a um conhecimento sem possibilidade de comprovação ou de verificação.

2.2 Método dedutivo

O método dedutivo parte de argumentos gerais para argumentos particulares. Primeiramente, são apresentados os argumentos que se consideram verdadeiros e inquestionáveis para, em seguida, chegar a conclusões formais, já que essas conclusões ficam restritas única e exclusivamente à lógica das premissas estabelecidas.

A questão fundamental da *dedução* está na relação lógica que deve ser estabelecida entre as proposições apresentadas, a fim de não comprometer a validade da conclusão. Aceitando as premissas como verdadeiras, as conclusões também o serão.

Se, por um lado, o método dedutivo possibilita levar o investigador do conhecido para o desconhecido com uma margem pequena de erro, por outro, esse mesmo método tem seu alcance bastante limitado, já que sua conclusão não pode em hipótese alguma ultrapassar o conteúdo enunciado nas premissas.

65

O raciocínio dedutivo fundamenta-se em um *silogismo*, uma operação típica da Lógica em que, a partir de uma premissa maior e mais genérica e uma menor e mais específica, pode-se chegar a um resultado necessário que é a conclusão. Exemplo de raciocínio dedutivo:

Premissa maior:	O ser humano é mortal.
Premissa menor:	"X" é um ser humano.
Conclusão:	Logo, "X" é mortal.

Atualmente o método dedutivo tem sido largamente utilizado, sobretudo por aqueles pesquisadores que adotam uma linha mais formal de pensamento. Uma vez que consideram a forma dedutiva como a única capaz de estabelecer um raciocínio efetivamente lógico.

Cabe esclarecer, por fim, que muitas vezes o método dedutivo e o indutivo não se apresentam de forma muito clara, isto porque ambos estão fundamentados no processo observacional. Ressalta-se, no entanto, que, se por um lado, o método dedutivo pode nos levar à construção de novas teorias e novas leis, por outro, o método indutivo só nos possibilita chegar a generalizações empíricas de observações.

Para que você possa compreender melhor, veja os seguintes exemplos:

Raciocínio dedutivo		Raciocínio indutivo
Premissa maior:	Os tigres são carnívoros.	Foi observado em tigres o comportamento alimentar carnívoro.
Premissa menor:	*Mimi* é um tigre.	
Conclusão:	Logo, *Mimi* é carnívoro.	**Logo**, todos os tigres são carnívoros.

Agora você mesmo já pode perceber uma grande diferença entre esses dois tipos de raciocínio. Enquanto na *dedução* a certeza das premissas é transferida para a conclusão, em virtude do emprego correto das regras lógicas, na *indução*, uma vez que as premissas sejam consideradas verdadeiras, a conclusão será provavelmente verdadeira, ou seja, *verossímil*.

Então, quando você adota o método dedutivo, o que irá fazer é ter um conjunto de premissas que deverão fundar todos os procedimentos que você optou por utilizar. Você pode adotar, por exemplo, uma teoria de base, para, à sua luz, proceder ao exame do fenômeno que é o seu objeto de pesquisa. Exemplificando: Niklas Luhmann é um pensador alemão (já falecido) muito prestigiado na atualidade. Ele formulou a chamada Teoria da Sociedade. Assim, se você tiver alguma afinidade com o que pensava aquele autor, poderá adotar sua teoria como uma perspectiva de análise, uma metodologia de apoio para aplicar ao que você quer estudar, por exemplo, o Estado contemporâneo. O método será o dedutivo porque você partiria de uma teoria de base, a Teoria da Sociedade, para desenvolver todo o seu raciocínio, tentando, a partir da obra daquele autor, responder às problemáticas ligadas ao seu objeto, o Estado contemporâneo, ou esclarecê-las.

2.3 Método hipotético-dedutivo

Vamos nos ocupar agora de um método científico que possui características comuns aos dois anteriores: o método hipotético-dedutivo. Ele tem em comum com o método dedutivo o procedimento racional que transita do geral para o particular, e com o método indutivo, o procedimento experimental como sua condição fundante. Vamos ver como isso funciona?

O pesquisador pode optar pela adoção de um ponto de partida de sua pesquisa diferente de uma teoria de base ou de um conjunto de elementos teóricos identificadores do problema que se propõe a tratar (categorias). Esse ou esses pontos de partida podem assumir a forma de hipótese(s) de trabalho que o autor da investigação procurará verificar no transcorrer de sua atividade indagativa.

Repassando: o pesquisador elege o conjunto de proposições hipotéticas que acredita serem viáveis como estratégia de abordagem para se aproximar de seu objeto. No decorrer da pesquisa, essas hipóteses podem vir a ser comprovadas ou não mediante a experimentação, ou seja, a verificação de seu alcance e consistência. Perceba bem: são *hipóteses viáveis*, isto é, que poderão ser perfeitamente sustentadas durante a verificação, pelo menos em um primeiro momento.

A Karl Popper (1993) é tributado o desenvolvimento desse modelo metodológico em sua obra *A lógica da pesquisa científica*, de 1934, e em *Conjecturas e refutações*, de

1963 (1982). Este pensador promoveu uma crítica radical ao método indutivo, então método de adoção hegemônica nas investigações científicas, afirmando que a Ciência não é capaz de atingir a essência da verdade, mas tão somente da probabilidade. Isso quer dizer que uma teoria científica pode fornecer apenas soluções temporárias para os problemas que enfrenta, pois assim que uma eventual nova teoria responder de forma diferente, ou melhor, ao problema suscitado, a primeira restará refutada.

As teorias científicas se apresentariam como conjuntos de enunciados hipotéticos sobre determinados problemas. O que equivale a dizer que seriam apenas *conjecturas*. Essas hipóteses (*conjecturas*) formuladas por elas consistiriam em respostas provisórias diante dos quadros problemáticos aos quais se dedicam.

Para que uma teoria seja considerada consistente, seria necessário submetê-la a rigoroso processo de *falseamento* ou *refutabilidade*, isto é, à verificação empírica das hipóteses de modo a corroborá-las ou refutá-las. Uma teoria que – submetida ao teste empírico de comprovação de suas hipóteses – alcance resultados positivos assume a condição provisória de uma teoria cientificamente válida, até que seja refutada ou superada por outra. A teoria que não tenha elementos para ser testada empiricamente, ou seja, falseada ou corroborada, de acordo com os critérios apresentados por Popper, não pode ser definida como uma teoria científica. A refutação de uma teoria ocorre quando possuir enunciados básicos que a contradigam. Neste caso, surge o que se chama de hipótese falseadora. Sendo falsa (refutada), logo a teoria não é verdadeira. No entanto, mesmo que a hipótese não possa ser falseada, também não se pode afirmar ser ela verdadeira, muito embora possa ser corroborada. Quanto mais uma teoria seja testada, mais ela poderá ser corroborada. E por mais que ela seja

69

corroborada a partir de uma estrutura de enunciados sua aceitação será sempre provisória e temporal.

Popper indica, então, os seguintes procedimentos sucessivos a serem obedecidos pelo pesquisador que opta pelo método hipotético-dedutivo: a verificação do problema; a formulação das hipóteses de sua solução (conjecturas); e a condução do processo de falseamento ou corroboração das hipóteses. O termo corroboração é utilizado por Popper para definir a consistência da hipótese submetida a testes rigorosos no processo de busca de soluções resistentes para os problemas. Segundo o pensamento do autor, a evolução do conhecimento depende da supressão de erros que ocorre por meio do falseamento das hipóteses. A falseabilidade das teorias permite ao pesquisador construir novos problemas e, consequentemente, se aproximar mais da verdade.

2.4 Método dialético

Vamos tratar agora do método dialético. Preste atenção: não se trata diretamente daquela corrente de pensamento chamada marxismo, que tem, por sua vez, suas muitas derivações teóricas e que comporta, em si mesma, outro tanto de leituras frequentemente bem divergentes. Vamos falar de um método que é **também** utilizado pelo pensamento marxiano e pela maioria dos marxistas.

Ocorre que nem todos os pensadores "de esquerda", ou "críticos", utilizam o método dialético. Nem você estará comprometido com a Revolução Socialista se optar por adotá-lo. É só um método, entendeu? Não uma forma de explicar o mundo e propor mudanças.

> Então abra sua cabecinha e supere os (pre)conceitos metodológicos que você tenha eventualmente pré-adquirido e lembre-se sempre do que falamos anteriormente: pesquisador sério não se deixa levar pelo espírito dogmático. OK?

Feita esta distinção inicial, vamos voltar aos gregos para entender o sentido e o alcance da palavra *dialética*.

Para os filósofos gregos da Antiguidade Clássica (Sócrates, Platão, Aristóteles), a dialética representava a arte do diálogo (*dialektikê tékhnê* – arte dialética), isto é, a arte de saber argumentar e contra-argumentar sobre assuntos cuja demonstração, típica dos raciocínios analíticos, não é possível. Estamos falando, portanto, não do campo das evidências, e sim do plano do opinável. A dialética era concebida como uma capacidade específica do humano, ou seja, uma atividade da mente como razão. Dessa forma, nossas opiniões e diferenças de opiniões poderiam ser consideradas racionais desde que fundamentadas em uma argumentação consistente.

Mas você também poderá encontrar, pesquisando os clássicos, um segundo sentido para *dialética*. Esse termo seria empregado ainda para designar o tipo de operação mental que torna possível promover a distinção das coisas, classificando-as, no intuito de melhor examiná-las.

Especialmente em Platão e Aristóteles a noção de verdade e de realidade se identificam intrinsecamente. Mas para que aquilo que se mostre real e verdadeiro possa assumir essa condição plena, é necessário que seja confrontado com suas possibilidades contraditórias, ou seja, os fatores que poderiam determinar que tal coisa (pode ser uma ideia) não fosse real e verdadeira, isto é, sua antítese. Utilizando, portanto, a dialética como método de raciocínio, seria possível verificar com mais rigor os objetos de análise, justamente por serem postos frente a frente com o teste de suas contradições possíveis.

Agora vamos dar um salto na história e nos encontrar com Hegel, no século XIX. Foi com esse grande pensador alemão que a noção de *dialética* passou a ocupar um espaço cada vez maior no campo filosófico e influenciar sobremaneira, de uma forma direta ou indireta, grandes pensadores que se seguiram.

Os três momentos da noção de *dialética hegeliana* podem ser vistos na figura abaixo:

Vamos aquietar nossa mente para prosseguir com segurança. Veja bem agora o que vem a seguir:

A partir da noção hegeliana de *dialética*, o objeto dialeticamente tratado é proposto, para, a seguir, se autossuperar mediante o confronto com seu próprio contraditório, vindo a ser inteiramente outro como resultado de si mesmo.

Trata-se de um processo dinâmico e altamente sofisticado do modo de raciocinar, já que o resultado da autotransformação dialética já se reapresenta em si mesmo como uma nova proposição, uma nova tese.

Enquanto para Hegel a dialética é um processo de pensar o objeto, para Marx a dialética se apresenta como um método de investigação, uma forma de analisar o objeto sob o aspecto material transformado e transportado para a mente. Na tradição marxista a dialética é concebida como:

✓ um método científico de investigação;

✓ "um conjunto de leis ou princípios que determinam" os fatos, as coisas, ou a totalidade da nossa realidade; e

✓ o "movimento da história", ou seja, a própria realidade em transformação. A dialética está onipresente na realidade, no mundo, como forma de articulação das partes de um todo e como processo de desenvolvimento

> dessas partes. A dialética define as articulações de uma formação social, em particular, e da própria história, em geral.
>
> (BOTTOMORE, 1988)

Foi justamente a partir da interlocução com a dialética hegeliana que Marx e Engels desenvolveram o chamado *materialismo dialético* como base filosófica de seu pensamento. O propósito desses autores era construir uma teoria que possibilitasse explicações lógicas, racionais e coerentes para os fenômenos vivenciados pelo homem, seja na esfera das ideias, seja na da convivência social ou da própria natureza. Podemos destacar como características importantes do materialismo dialético:

a) *a materialidade do mundo* – a partir deste princípio devemos compreender que todo objeto, fato, lei, pensamento ou fenômeno com o qual nos deparamos são matéria, isto é, todos eles representam apenas aspectos diferenciados da própria matéria em movimento;

b) *o mundo é cognoscível* – de acordo com o materialismo podemos conhecer qualquer objeto, fato, lei ou pensamento. No entanto, esse conhecimento vai ocorrendo gradualmente. Num primeiro plano só vamos conseguir diferenciar o objeto, o fato, a lei ou o pensamento pelas suas aparências. Só a partir do segundo momento, o qual pode ser bem mais demorado, é que conseguiremos distinguir o objeto, o fato, a lei ou o pensamento, pelas causas, pela essência dos mesmos, não mais só pelas suas aparências;

c) *a matéria é anterior à consciência* – por esta característica o materialismo dialético se contrapõe ao pensamento idealista, para o qual a consciência antecederia a matéria. Para Marx e Engels a matéria se constitui em uma realidade objetiva e a consciência se apresenta como seu reflexo;

d) *o princípio da contradição* – através deste princípio pode-se afirmar que na análise aprofundada de qualquer objeto vamos encontrar elementos contraditórios, isto é, o branco e o negro, o positivo e o negativo, o proletariado e a burguesia, a vida e a morte, o escuro e o claro. Ou seja, de acordo com o princípio da contradição qualquer objeto é e não é ao mesmo tempo e sob a mesma relação. Sempre existirá uma luta entre os contrários, os quais se excluem, mas ao mesmo tempo estão unidos. Será, enfim, a partir deste embate que haverá a superação de um estado da coisa, do objeto, do pensamento, da lei, para um outro estado. A partir desta superação nova superação ocorrerá.

Conforme Treviños (1987), uma pesquisa baseada no materialismo dialético deve levar em consideração as seguintes etapas:

a) de início o pesquisador deve observar e delimitar o objeto, a fim de identificá-lo nas suas qualidades, estabelecendo a diferenciação dos demais objetos;

b) em seguida o pesquisador deve analisar o objeto em sua dimensão, através da observação de todas as partes que o compõe. O objeto é analisado em todos os aspectos: sociais, históricos, econômicos, políticos. A partir daí são elaborados conceitos, juízos, raciocínios, sobre o objeto. São elaborados e aplicados diferentes procedimentos para buscar informações sobre o objeto (observações, entrevistas, questionários). A partir desses dados parte-se para a determinação de suas características quantitativas;

c) por fim, deve-se partir para a análise concreta dos aspectos essenciais do objeto: forma, conteúdo, fundamento, realidade, constituição, história, evolução.

2.5 Método sistêmico

A palavra *sistema* possui um significado bastante comum. Quando falamos em *sistema* ou em *pensamento sistemático*, estamos nos referindo a elementos reunidos em um conjunto que obedece a uma mesma lógica de organização. Esses elementos podem vir a ser qualquer coisa: objetos tangíveis, materialmente observáveis; ideias ou conceitos, teorias; ou, ainda, normas jurídicas organizadas (desde um instituto até o próprio ordenamento de um país). Os elementos que comporão o *sistema*, caberá ao seu criador determinar. Dessa forma podemos falar no sistema penitenciário brasileiro (coisas e normas), no sistema hegeliano (ideias), no Sistema Tributário Nacional (normas). Como esses elementos estão de alguma forma coordenados entre si, várias relações poderão ser estabelecidas entre eles.

Até aqui tudo bem, mas o método sistêmico, que agora vamos estudar, ultrapassa, e muito, essa noção de *sistema* que acabamos de ver. Então vamos fazer um acordo semântico?

Quando nos referirmos àquela primeira noção de *sistema*, que acabamos de ver, usaremos o adjetivo *sistemático*. Então, você poderá fazer um *estudo sistemático* das normas tributárias brasileiras, estudando a *sistemática* tributária nacional, mas isso não faz de sua atividade um *estudo sistêmico*.

Vamos utilizar o termo *sistêmico* apenas para designar o método que estamos estudando e para nos referir à Teoria Geral dos Sistemas e às demais correntes teóricas que integram o *enfoque sistêmico* de conhecimento como referencial teórico.

Superado esse primeiro impasse, vamos superar um segundo: muito provavelmente quem optar pela utilização do método sistêmico em sua pesquisa não poderá fugir do próprio embasamento teórico que o determinou e ainda determina. É um método que para ser utilizado pressupõe que você esteja em condições de operar com todo um arcabouço teórico de categorias que com certeza irá determinar a orientação dos resultados de sua pesquisa.

Outra coisa: como toda atitude científica requer maturidade, você pode concordar ou discordar de determinadas orientações metodológicas que se apresentarem em seu caminho, mas tenha sempre cuidado com as posições totalizadoras. Se o método sistêmico pode vir a servir para os seus objetivos de pesquisa, não se esqueça de que a incompletude é uma característica do processo de conhecimento humano. Este não é um método milagroso que explica tudo de modo eficiente simplesmente porque tal método não existe nem deve existir. Quando isso acontecer, a aventura do conhecimento do homem na Terra já terá findado. Até lá, a **humildade científica** é sempre bem-vinda.

Se, por outro lado, você tem divergências com esse método, não se esqueça da mesma humildade científica de que acabamos de falar, e lembre-se: o fato de o método não servir para seus objetivos científicos não desmerece a eventual eficiência de qualquer método em explicar uma gama de fenômenos, ou seja, cumprir os objetivos dos métodos científicos, que é responder da melhor forma possível às questões suscitadas.

O pensamento sistêmico veremos daqui a pouco quando o estudarmos como referencial teórico de pesquisa. Por ora, vamos nos limitar em conhecer suas condições

78

categoriais, ou seja, os requisitos necessários à sua compreensão, enquanto se comporta simultaneamente como um *método científico*, isto é, traduz-se em uma forma de organizar o raciocínio de uma investigação. Vamos lá!

Bertalanffy, o pai da Teoria Geral dos Sistemas, concebeu a definição de *sistema* como um conjunto de elementos inter-relacionados, mas cuja interação é ordenada e não caótica. Veja bem, esse *sistema* é *dinâmico*, não é uma reunião estática de elementos estagnados no tempo e no espaço. Que isso quer dizer?

Quer dizer que ele se altera, muda de acordo com as *trocas* que faz com os outros elementos do *sistema* e com o próprio *ambiente* em que está inserido. Portanto, a visão daquele autor é de um *sistema aberto*, uma vez que está em interação com o meio. Um *sistema fechado* seria aquele isolado do meio, tal como nos modelos sistêmicos autopoiéticos, como veremos adiante.

Para montarmos um sistema teremos que dispor de itens básicos que compõem um modelo de organização. O conjunto dos elementos sistêmicos deverá estar disposto em relação de interação também com o ambiente, que são aqueles elementos dispostos fora do sistema; assim teremos um sistema aberto. Já deu para perceber que o fato de elementos poderem estar fora do sistema não prejudica sua capacidade de interagir com os componentes sistêmicos.

Mas não é só isso: é necessário também entender que não existe só o sistema, mas sobretudo seus subsistemas, que também interagem entre si e com o meio em uma hierarquia orgânica.

Além disso, apesar de preservar certa estabilidade na equação daquelas interações por meio de seus recursos de controle, tudo vai mudando aos poucos, com o passar do tempo; isso porque, como você deve se lembrar, o *sistema é aberto*.

Veja o esquema a seguir para você entender melhor:

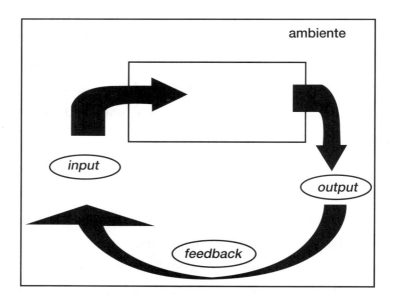

Vamos estudar os principais componentes do método sistêmico de forma didática:

Termo	Explicação
sistema	É um conjunto de elementos que interagem de forma coordenada, em que cada elemento vincula-se direta ou indiretamente ao outro.
interação	É o processo de influência recíproca entre os elementos sistêmicos e não sistêmicos.
sistema aberto	É o sistema que interage com o ambiente.
sistema fechado	É o sistema que está isolado do ambiente, que não interage. (Não faz parte da concepção sistêmica de Bertalanffy.)
estado do sistema	É o sistema considerado em um momento determinado, cujas características, para aquele momento, podem ser detectadas.
ambiente	São aqueles elementos que não compõem o sistema, mas que interagem com ele.
input **(entrada)**	É um elemento não sistêmico que entra no sistema, vindo do ambiente.
output **(saída)**	É um elemento sistêmico que volta para o ambiente.

Termo	Explicação
feedback (**realimentação**)	É o elemento que vem do ambiente, onde sofreu alterações pelas interações que experimentou, entra no sistema (*input*) e, após ser processado dentro do sistema, emerge novamente no ambiente (*output*), onde sofre novas alterações interativas que configuram seu *feedback* ao adentrar novamente no sistema. Para haver uma entrada, sempre haverá uma saída.
complexidade	Os sistemas são complexos e formados por subsistemas.
totalidade	Se somarmos todos os elementos do sistema e suas características individuais, não chegaremos à característica do sistema, porque ele representa muito mais do que a simples soma de suas partes. Na verdade, a totalidade é sempre incompleta, porque está em constante transformação.
finalidade	O sistema opera sempre funcionalmente, isto é, perseguindo uma meta. Daí por que não é incomum alguns pesquisadores funcionalistas adotarem o *método sistêmico*.

Termo	Explicação
equilíbrio	Existe uma tendência de o sistema preservar seu equilíbrio. Tal tendência se chama *equilíbrio dinâmico.*
regulação	O sistema tem um mecanismo de autocontrole que o torna apto a corrigir os desvios que possam eventualmente ocorrer. Aqui entra o Direito e justifica por que esse método vem sendo cada vez mais aplicado para tentar explicar o fenômeno jurídico.

Entre as chamadas teorias neossistêmicas, a Teoria da Sociedade de Niklas Luhmann desempenha um papel relevante, sobretudo por seu enlace com algumas preocupações atuais da Teoria e da Sociologia do Direito.

O pensamento de Luhmann, com efeito, tem ocupado lugar de destaque entre as teorias sociológicas contemporâneas, apresentando-se como modelo de tratamento novo e extremamente original de antigas e novas temáticas da área.

Agora que você já pode ter uma ideia do que é necessário detectar no quadro geral de sua pesquisa para poder escolher o método sistêmico, vamos dar uma olhada em outros métodos de pesquisa que podem auxiliá-lo em seu trabalho.

3 Métodos auxiliares e referenciais teóricos

Agora vamos nos dedicar à apresentação dos métodos auxiliares à pesquisa científica e de alguns referenciais teóricos cujo emprego pode ser de estimada valia na aspiração de fundamentação rigorosa de todo o trabalho.

3.1 Métodos auxiliares

Deter-nos-emos agora em alguns métodos que podem ser considerados auxiliares daqueles métodos científicos que acabamos de estudar. Ainda que tenha caráter instrumental secundário, a utilização desses métodos pode vir a operacionalizar, de forma muito eficiente, aquilo que você gostaria de externar com seu trabalho. Elegemos aqui apenas alguns, dentre aqueles mais frequentemente aplicados nas investigações em Ciências Humanas e Sociais. Vamos lá!

3.1.1 Método experimental

O método experimental ou empírico é aquele fundado na *experiência*, que é um tipo de ensaio científico em que o objeto de pesquisa é submetido a um quadro totalmente controlado destinado à verificação de seus atributos.

Pela aplicação desse método é possível pôr à prova determinado fenômeno, testando-o sob condições ideais, que são reproduzidas, por exemplo, em laboratório (mas não necessariamente).

O emprego do método experimental pressupõe a eleição de certas hipóteses a serem verificadas durante a experiência. Assim, tais hipóteses poderão ser confirmadas ou prejudicadas pelos efeitos alcançados.

Regras da experimentação

✓ Estender a experiência, intensificando a suposta causa para ver se proporcionalmente intensifica-se o suposto efeito.

✓ Variar a experiência, tentando relacionar a suposta causa com outros elementos para ver se o resultado varia ou não.

✓ Inverter a experiência – depois de feita a análise do fato, pela decomposição de seus elementos, recompô-lo para buscar a verificação da suposição.

(BASTOS; KELLER, 1999, p. 86)

3.1.2 Método estatístico

Você, com certeza, já deve ter ouvido falar em *Estatística*, nas chances calculadas pelo matemático Oswald de Souza para os ganhadores dos jogos lotéricos, na pesquisa eleitoral, no índice de mortalidade infantil brasileiro dos anos noventa, e assim por diante. É isso mesmo: a Estatística faz parte da Matemática e, em seu âmbito, os processos de obtenção, organização e análise de dados são estudados. Mas a Estatística também é um método. Um método de tirar conclusões ou efetuar predições com base naqueles dados coletados.

Quando se trabalha com estatísticas, é uma decorrência natural constatar a utilização de seus termos típicos. Então, você irá ter contato com palavras como parâmetro de uma *amostra*, sua *média*, o seu *desvio-padrão*, a sua *variância* etc.

Com a utilização do método estatístico podemos ao final da compilação dos dados recolhidos fazer ilações sobre eles. Entretanto, ainda que o objetivo da utilização desse método seja, principalmente, o de fornecer uma base concreta e segura das informações a serem analisadas, as conclusões que podem ser deduzidas não são necessárias, ou seja, há uma grande probabilidade de serem consideradas observações corretas, mas também podem não o ser.

Esse método é frequentemente empregado nas pesquisas quantitativas que veremos mais à frente, sobretudo em

Ciências Sociais. Isso porque o recurso ao método em tela permite tratar de um conjunto de elementos de caráter matemático que são pertinentes, por exemplo, a um determinado fato social.

Assim, tomando como exemplo pesquisas quantitativas em Sociologia, o *método estatístico* proporciona a confecção de uma representação numérica e, ao mesmo tempo, de uma explicação sistemática de um fato social, a partir de observações quantitativas dos acontecimentos que, por sua vez, dependem de uma multiplicidade de causas. O emprego desse método irá resultar, muito provavelmente, em uma apresentação da pesquisa repleta de recursos gráficos e/ou apreciações analíticas das tendências características dos fenômenos pesquisados.

3.1.3 Método histórico

Quando falamos em *método histórico* não estamos necessariamente nos referindo ao materialismo histórico de Karl Marx. Estamos, sim, colocando os objetos de nossa pesquisa sob uma perspectiva histórica.

Digamos que você queira pesquisar um determinado fenômeno, um instituto, um conceito etc., e coloca esse seu objeto sob a luz da História. Neste caso, você pode proceder de duas maneiras: pode comparar o conjunto característico dos elementos pertinentes ao seu objeto na atualidade com o que era em suas origens históricas, ou comparar com as formações anteriores, que, embora diferentes, poderiam ser consideradas precursoras do estado atual de seu objeto. A análise é histórica não só por isso, e sim, fundamentalmente, porque quando se faz uma pesquisa desse tipo necessariamente serão levados em consideração também os *contextos históricos* do seu objeto investigativo: não só tal fenômeno hoje e no passado, mas esse fenômeno em relação ao seu contexto histórico atual e em relação ao seu contexto pretérito. Além disso, perceba que, nesse caso, você estará lançando mão também do método comparativo que estudaremos mais adiante.

Mas você pode adicionar mais um recurso, incrementando essa análise histórica. Você pode promover o acompanhamento da evolução de seu objeto de pesquisa através da história. Nesse caso, você estará empregando o método histórico-evolutivo.

Vamos supor que você deseje fazer uma pesquisa sobre o papel do fiscal de tributos. Você poderia analisar o papel do fiscal de tributos na Sociedade contemporânea, que seria o seu contexto atual, e poderia compará-lo com papel do fiscal de tributos no Império Romano, que seria o seu contexto pretérito (análise histórica). Mas você poderia ir um pouquinho mais longe e estudar o papel do fiscal de tributos ao longo da história da humanidade. Assim, seria capaz de acompanhar e entender melhor sua transformação de acordo com cada período histórico característico.

Repare na possibilidade de flexibilização e conjugação dos métodos científicos auxiliares: método histórico-evolutivo e método histórico e comparativo, no caso de método histórico. São muitas as possibilidades de combinação, cuja adoção dependerá das condições do objeto de pesquisa e de seus objetivos traçados. A escolha desses métodos faz parte da estratégia metodológica eleita para a atividade de investigação.

3.1.4 Método comparativo

Convidamos você a nos acompanhar em um raciocínio bem simples. Quando você efetua uma *comparação* entre pessoas, animais, coisas, situações, conceitos, ideias, ou entre pessoas e animais, e assim por diante, o que você provavelmente faz é confrontar elementos levando em consideração seus atributos.

Então comparação é isso: traduz a ideia de confrontação, cotejo. Quando se compara, o que se está fazendo, na verdade, é estabelecer o confronto entre pessoas, animais, coisas, ou entre uns e outros. A comparação promove o exame simultâneo para que as eventuais diferenças e semelhanças possam ser constatadas e as devidas relações, estabelecidas.

No Direito, o método comparativo possibilita que institutos e conceitos possam ser cotejados, como, por exemplo, a experiência jurídica nacional e a estrangeira. O jurista comparatista, isto é, especializado em Direito Comparado, é justamente aquele que emprega esse método.

José Isaac Pilati (2000) nos ensina que para promover o estudo comparado no Direito é necessário previamente definir e conhecer os dois campos que serão analisados, ou seja, a parte do Direito nacional e a parte do Direito estrangeiro que serão o objeto de estudo. Assim, nesse tipo de investigação você poderá verificar a igualdade, a inferioridade ou a superioridade de atributos entre um elemento e aquele que lhe serve de termo de comparação.

Pois bem, o método comparativo pode ser utilizado tanto para efetuar comparações no presente como no pretérito, ou as duas concomitantemente. Em Ciências Humanas e Sociais, esse método possui uma ampla utilidade prática porque possibilita o estudo de grande e variada quantidade de objetos de pesquisa. Você pode, por exemplo, estudar a ideia de propriedade, no Direito e na Sociologia; pode estudá-la como instituto jurídico no Brasil e em um ou alguns países estrangeiros; pode estudar a política fiscal nacional em comparação com a francesa... E que tal cotejar a noção de Ética brasileira com o *ethos* chinês?

São infindáveis as possibilidades de pesquisa que poderão vir a ser o objeto tratado a partir do método comparativo. O resultado da aplicação desse método é a obtenção de uma gama de informações que possam ser traduzidas em termos de concepções mais amplas e generalizadas sobre o que você está pesquisando.

Agora vamos dar um belo salto de qualidade na nossa pesquisa, fazer um *upgrade*. Vamos nos ocupar com o estudo das grandes correntes de pensamento que são utilizadas com certa frequência nas investigações em Ciências Humanas e Sociais. A partir delas, você perceberá que muita coisa pode ser feita, respostas podem ser encontradas, novos problemas detectados.

3.2 Referenciais teóricos

As tentativas que o investigador faz de chegar ao seu objeto de pesquisa destinam-se a promover uma análise fidedigna dele. Todavia, frequentemente, no início do procedimento investigatório só se dispõe de algumas referências intuitivas de como fazer essa abordagem. Essa aproximação do objeto deve, portanto, partir de um conjunto de concepções teóricas, conceitos, categorias que estejam aptas a identificá-lo como objeto de pesquisa e que possam ser utilizadas para descrevê-lo. E mais, que sejam capazes de fornecer respostas diferentes daquelas já encontradas. A linguagem teórica utilizada para o tratamento do objeto parte de um determinado referencial teórico adotado ou de mais de uma composição categorial oriunda de diferentes referenciais teóricos.

Você pode obviamente criar o seu próprio modelo metodológico que opere na condição de referencial teórico. Tarefa árdua, digna do grupo seleto de investigadores geniais de qualquer área. Mas, caso você seja apenas um pobre mortal como a maioria de todos nós, existe a opção de se identificar com um referencial teórico, seu modo de olhar o objeto e alcançar resultados eficientes assim mesmo.

São muitas as opções em teorias de base que podem cumprir esse papel. Estas que você verá aqui apontadas só podem apresentar uma pálida ideia de cada uma e deixar para seu esforço de pesquisa a iniciativa de buscar outras, que são muitas. Com certeza, é bem maior o número das ausentes do que o daquelas que aqui estão contempladas, tanto em quantidade quanto em profundidade.

Muitos referenciais teóricos se prestam à mitigação: categorias que podem ser harmonizadas entre si de acordo com as necessidades de sua pesquisa. Entre outras matrizes teóricas, contudo, são impossíveis tais interações e interpretações categoriais sem comprometer a própria racionalidade de seu trabalho.

A eleição de um marco teórico deve ser feita até o momento limite da elaboração do projeto de pesquisa, oportunidade, como você verá adiante, em que no item *revisão bibliográfica* deverão ser contemplados a apresentação e um ensaio de desenvolvimento do referencial adotado junto com o corpo categorial pertinente ao tema escolhido. Veja, um referencial ou marco teórico pode ser composto por uma teoria desenvolvida por um autor, como, por exemplo, a Teoria do Discurso de Jürgen Habermas, como também por uma teoria geral desenvolvida em um campo de racionalidade compartilhado por vários autores, de que a Teoria da Argumentação Jurídica e a Criminologia Crítica são exemplos. Existe ainda a possibilidade de o marco teórico não se identificar com um campo que tenha um estatuto teórico definido, mas que componha o conjunto ou uma parcela do pensamento de um autor, a exemplo do pensamento político de Norberto Bobbio.

Lembre-se somente de uma coisa: *quem interpreta sempre o faz a partir da adoção de critérios.*

3.2.1 Teorias sistêmicas

Quando estudamos o método sistêmico, você pôde ter uma noção de como funcionam os mecanismos do pensamento sistêmico. Agora vamos falar um pouco das teorias sistêmicas, em geral, na condição de *referenciais teóricos*. Sim, teorias, no plural, porque são vários os modelos sistêmicos.

Os primeiros estudos sistêmicos podem ser localizados ainda no século XVII com o início do desenvolvimento da Teoria da Organização. Mas quando se fala em Teoria Geral dos Sistemas, precisamos reconduzir nossa atenção para aquele autor que mencionamos acima: Bertalanffy. A partir dos anos 20, do século XX, esse autor propôs um novo referencial teórico dotado de um método próprio e específico: o método sistêmico. Foi esse pensador que definiu o *sistema* como um complexo de elementos em interação ordenada. Após esse marco fundamental da pesquisa sistêmica, torrentes de novos pensadores se lançaram ao seu estudo, desenvolvimento e adequação aos seus próprios campos de investigação específicos, tais como Churchman e Parsons.

Mais tarde, surgiram as chamadas teorias neossistêmicas, fortemente influenciadas pelos trabalhos dos pesquisadores chilenos Francisco Varela e Humberto Maturana. Esse novo enfoque recebeu o nome de *autopoiética* e, tal como as primeiras abordagens sistêmicas, também vem se disseminando por setores variados do conhecimento humano, da Física ao Direito.

3.2.2 Funcionalismo

O funcionalismo, assim como o enfoque sistêmico e o estruturalismo, também concebe a Sociedade em termos complexos. Entretanto, para os funcionalistas a lógica de ações e reações dos indivíduos na trama societal é regida igualmente pela lógica de ações e reações institucionais. A Sociedade é entendida como um todo que se comporta como um só mecanismo em operação. Dessa forma, cada engrenagem, cada elemento da Sociedade possui uma função nesse todo.

Vários autores desenvolveram e comungaram, e ainda o fazem, essa modalidade de pensamento, como Merton e Spencer.

Você provavelmente vai perceber que o funcionalismo possui algumas identificações com o estruturalismo, cuja diferença fundamental, entretanto, veremos a seguir. Mas é, sobretudo, com o pensamento sistêmico que o funcionalismo tem produzido grandes vínculos metodológicos. Isso porque este último enfoque possibilita estudar a Sociedade como um todo sistêmico. Por isso é frequente, em pesquisas nas áreas de Ciências Humanas e Sociais, encontrarmos trabalhos embasados em uma concepção teórica denominada *funcionalismo sistêmico*.

3.2.3 Estruturalismo

O estruturalismo tem como marco teórico principal Claude Lévi-Strauss, pesquisador de uma área de conhecimento que gravita entre a Antropologia e a Sociologia, denominada Antropologia Social.

O centro das atenções se situa no estudo dos fenômenos sociais como componentes de um todo maior; portanto o viés estruturalista não vai jamais analisar um setor da

Sociedade individualmente, ou estudar o comportamento de um só indivíduo, como se vivesse apartado de toda a estrutura social. Ao contrário, importa conhecer os elementos que compõem a racionalidade social para poder explicar o comportamento de setores sociais mais específicos ou de indivíduos.

Dessa forma, o pensamento estruturalista explica o mundo iniciando do todo em direção à parte, da Sociedade em direção a suas instituições e indivíduos. A pesquisa estruturalista, portanto, sempre buscará estabelecer a lógica dessa dinâmica social que conforma os comportamentos individuais.

Você, leitor atento, a essa altura já deve ter se perguntado: Mas e daí? Qual a diferença então entre estruturalismo e funcionalismo?

A diferença é que quando você se preocupa com funções, sua atenção se volta para as utilidades desempenhadas pelas instituições, por exemplo: setores que cumprem determinada função diante da Sociedade, contribuindo para a conservação de sua estabilidade. O estruturalismo não vincula fenômenos sociais a suas funções utilitárias: quer apenas explicar a Sociedade a partir da percepção de sua racionalidade intrínseca.

3.2.4 Fenomenologia

São muitos os diferentes trabalhos sob a orientação fenomenológica, isto porque a *fenomenologia* já existia antes e continuou a existir depois de um filósofo alemão chamado Edmund Husserl. Com efeito, foi a partir da obra desse autor que as abordagens fenomenológicas adquiriram *status* teórico privilegiado no quadro geral do pensamento contemporâneo. Mas isso não significa que novas direções não tenham sido tomadas.

Segundo aquele pensador as problemáticas devem ser tratadas partindo do recurso a um *a priori* de seus próprios problemas, buscando os resultados numa reflexão sobre o próprio caráter originário do fenômeno. Por tudo isso, a fenomenologia se apresenta como uma forma rigorosa e descritiva de tratar das ideias, uma atitude cognitiva que busca incansavelmente as essências primeiras em seus objetos: os *fenômenos*.

3.2.5 Comportamentalismo

O *comportamentalismo*, ou *behaviorismo*, assumiu um papel importante para a Psicologia por obra de um pesquisador americano chamado J. B. Watson. Mais tarde essa orientação metodológica se disseminou pelo largo campo do conhecimento humano.

Behavior significa *comportamento*, ou seja, uma pesquisa behaviorista irá sempre privilegiar o fator comportamental em seus estudos. Assim, o que passa a interessar como objeto de pesquisa são as atitudes (ações e reações) dos indivíduos diante do ambiente social em que se encontram.

3.2.6 Empirismo

A palavra *empirismo* lembra o termo *empírico*, que é uma característica daquilo que se baseia na experiência: experimental. O pensamento empirista, portanto, irá enfocar sempre a importância do estudo experimental. O objeto da pesquisa será tratado pelo empirista como algo a ser observado, testado, experimentado em suas dimensões concretas. Por isso, você já sabe que a pesquisa empirista levará em consideração a experiência fática da qual se possam inferir conclusões com alto grau de certeza científica.

3.2.7 Positivismo e neopositivismo

O positivismo de Comte dominou o cenário científico do século XIX, produzindo profundas transformações no modo de se fazer Ciência, algumas sentidas até hoje. O positivismo superlativiza o valor da Ciência como único conhecimento viável e único método aplicável para se produzir o conhecimento rigoroso. Somente são levados em consideração os objetos que possam ser investigados cientificamente, segundo os critérios estabelecidos. Todas as demais áreas do conhecimento humano que não são passíveis de explicação rigorosamente científica ficam relegadas ao plano do irracional.

O positivismo científico se disseminou por várias áreas do conhecimento humano e contribuiu para o desenvolvimento de vastos campos estritamente empíricos da Ciência por meio do estudo e da aplicação das Leis da Natureza.

Como sucedâneo dessa corrente de pensamento, uma escola austríaca, denominada *Círculo de Viena*, acabou produzindo uma linha mais aprimorada de pensamento, chamada de *neopositivismo* ou, ainda, de *positivismo lógico*. O estudo dos rigores da Linguagem, sob a égide do emprego das novas contribuições da Lógica de Frege, levou os pensadores neopositivistas a estabelecer uma Filosofia da Linguagem capaz de analisar todos os fenômenos da vida humana pelo viés linguístico.

3.2.8 Marxismo

Também chamado de *materialismo dialético* ou *materialismo histórico*, o marxismo nasce com o pensador alemão Karl Marx e seu colaborador Engels. A partir da obra marxiana, muitos autores desenvolveram seus conceitos fundamentais, muitas vezes aliados a diferentes metodologias, gerando as correntes marxistas, como o estruturalismo marxista, o humanismo marxista, e assim por diante. Também são vários os autores considerados marxistas, como Gramsci, Poulantzas, Lukács, Althusser, entre outros.

Para Marx existe uma luta de classes embutida nas relações de produção, na divisão entre capital e trabalho. A meta a ser alcançada seria a de uma sociedade comunista, sem exploradores e explorados. O marxismo interpretado por Lênin produziu no Leste europeu a experiência do que se convencionou chamar de *socialismo real*, a partir da Revolução proletária de 1917.

O método do marxismo é a já estudada dialética. Mas em suas muitas variações o pensamento marxista também sofreu releituras engendradas por concepções muitas vezes extremamente diferenciadas de dialética e até de outros métodos a ele aplicados.

100

Parte III
Pesquisa

1 Pesquisa

Pesquisa é o que fazemos quando nos ocupamos de estudar de forma sistemática um objeto (o objeto de pesquisa), mas fazemos isso sempre tendo uma meta a ser alcançada, isto é, pretendemos fazer alguma coisa com o resultado da pesquisa. Para saber qual a nossa meta, basta tentar responder onde estamos querendo chegar com nosso trabalho investigativo. A resposta a essa pergunta será o objetivo da pesquisa. Além disso, devemos ter um "porquê" da realização da pesquisa, os fatos, as circunstâncias, os pressupostos que explicam sua realização (a justificativa).

Então pesquisa é o mesmo que investigação: *busca realizada de forma sistemática*. Os critérios formais para todo o procedimento de pesquisa, como vimos anteriormente, são fornecidos pelos métodos científicos.

O objeto de sua pesquisa pode ser inusitado, como também pode ser um objeto amplamente conhecido, mas cujo tratamento não esteja esgotado e, portanto, necessite ainda de investigações que forneçam respostas diferentes para problemas ainda não superados. Olhar o objeto de uma perspectiva diferente pode determinar o sucesso do resultado de uma pesquisa, daí a necessidade de conhecer as metodologias aplicáveis ao problema a que se quer responder, instrumentalizando o processo de investigação de forma consistente.

Veja no quadro abaixo os elementos básicos da pesquisa:

✓ a formulação de um problema (aquelas perguntas às quais desejamos fornecer respostas consistentes);

✓ a determinação do que é necessário em termos de informação para alcançarmos as respostas almejadas;

✓ a seleção das fontes mais apropriadas;

✓ a definição de um programa de ações que logre viabilizar aquelas informações;

✓ a seleção de um conjunto de critérios para o tratamento das informações adquiridas;

✓ o emprego de um referencial teórico para interpretar as informações;

✓ a formulação de respostas para aquelas perguntas lançadas no problema central da pesquisa;

> ✓ a verificação das respostas de acordo com seu índice de segurança em correção;
>
> ✓ o exame do alcance e da extensão dos resultados obtidos.
>
> (LUNA, 2000)

O grau de sofisticação dos raciocínios que permeiam uma pesquisa pode ser muito variado, assim como abundantes são as modalidades e abordagens possíveis. Então, para efeito meramente didático, é bom que você entenda que, apesar de falarmos em *pesquisa científica*, isso não quer dizer que as pesquisas em Filosofia, ou em áreas epistemologicamente consideradas como não científicas, estejam dispensadas de observar os parâmetros de rigor científico para os procedimentos de pesquisa. Veja a situação do Direito como área do conhecimento, apesar de ele ser classificado entre as Ciências Sociais de caráter jurídico: até hoje existe um debate exaustivo em Epistemologia Jurídica sobre seu estatuto teórico, se científico ou não.

Neste *Manual de metodologia da pesquisa no direito* estamos nos concentrando na pesquisa como *pesquisa acadêmica*, aquela que é realizada em nossas instituições de ensino e que, frequentemente, são obrigatórias para a obtenção de algum grau acadêmico, como a licenciatura, o bacharelado, o título de especialista, mestre ou doutor, tal como veremos à frente.

Veja bem, essa noção reduzida de pesquisa tem como objetivo apenas facilitar para você a compreensão do mínimo metodológico que lhe será exigido para a obtenção daqueles títulos acadêmicos acima mencionados. Isso porque fazer pesquisa é muito mais do que cumprir alguns requisitos para obter um título acadêmico.

1.1 Pesquisa quantitativa e pesquisa qualitativa

Se você fosse convidado a avaliar quantitativamente a estrutura judiciária de sua cidade, o que você faria? A primeira ideia é clara: contar. Então você, após coletar as informações disponíveis, poderia concluir que sua cidade tem um número x de órgãos ligados ao Poder Judiciário (quantidade de varas, cartórios, juízes, número de ações/ano etc.) e avaliar se esse número é suficiente ou não para atender a demanda, certo?

Agora, se você fosse convidado a avaliar qualitativamente a estrutura judiciária de sua cidade, a situação mudaria de figura. Isso porque, neste caso, você teria de ponderar sobre a qualidade dos serviços prestados: se é ou não um bom atendimento judiciário à população, se responde às necessidades de sua cidade em termos de qualidade (eficiência, equidade nos julgamentos etc.). Certo?

Então agora você já pode ter uma ideia da diferença entre pesquisa quantitativa e pesquisa qualitativa, que vamos estudar a seguir.

1.1.1 Pesquisa quantitativa

Quantidade representa tudo aquilo que pode ser medido, o mensurável. Então, se o objeto de sua pesquisa se prestar a qualquer tipo de medição e esta, evidentemente, for interessante para o resultado final da investigação a que você se propôs, a adoção de procedimentos de quantificação pode lhe ser útil.

O perfil desse tipo de pesquisa é altamente descritivo, o investigador pretenderá sempre obter o maior grau de correção possível em seus dados, assegurando assim a confiabilidade de seu trabalho. Descrição rigorosa das informações obtidas é condição vital para uma pesquisa que se pretenda quantitativa.

Os pesquisadores de tendência positivista sempre foram os grandes defensores da validade dessa modalidade de pesquisa, isso porque, na concepção do positivismo científico, tal forma de tratamento do objeto de investigação coibiria a influência das características e tendências pessoais do próprio pesquisador, ou seja, de sua subjetividade. Se o investigador se limitasse a colher informações quantificáveis, o resultado de sua pesquisa estaria a salvo de distorções promovidas pela interpretação. Assim, os objetos (fenômenos) deveriam ser observados, medidos, descritos, mas não interpretados.

São grandes as consequências, positivas e negativas, desse tipo de pesquisa para os rumos do desenvolvimento do conhecimento científico. Mas essa discussão não nos interessa aqui.

1.1.2 Pesquisa qualitativa

Qualidade é uma propriedade de ideias, coisas e pessoas que permite que sejam diferenciadas entre si de acordo com suas naturezas. A pesquisa qualitativa não vai medir seus dados, mas, antes, procurar identificar suas naturezas. O objeto da pesquisa vai ser tratado de forma radicalmente diferente da modalidade anterior de investigação. A compreensão das informações é feita de uma forma mais global e inter-relacionada com fatores variados, privilegiando contextos.

A pesquisa qualitativa também pode possuir um conteúdo altamente descritivo e pode até lançar mão de dados quantitativos incorporados em suas análises, mas o que vai preponderar sempre é o exame rigoroso da natureza, do alcance e das interpretações possíveis para o fenômeno estudado e (re)interpretado de acordo com as hipóteses estrategicamente estabelecidas pelo pesquisador.

O mais importante nas duas modalidades de pesquisa descritas anteriormente é que, se você não souber avaliar corretamente as informações recolhidas, a pesquisa carecerá de sentido, perderá sua razão de ser. É da ponderação dos dados obtidos no decorrer do esforço de investigação que a validade do trabalho extrairá sua força.

Agora vamos refletir juntos sobre uma já famosa anedota de cientista, só para você ter uma compreensão mais clara do que pode acontecer, tanto com uma pesquisa quantitativa quanto com uma qualitativa, quando o investigador não tem clareza na observação e interpretação dos dados que apura.

Um cientista de certa nacionalidade tem como objeto de estudo a capacidade motora das pulgas. Em seu laboratório promove uma pesquisa de caráter experimental. Munido de suas anotações, de um microscópio, de uma pinça e de uma cobaia, entrega-se aos seus objetivos: deseja saber quantas pernas são necessárias para que seu inseto continue mantendo sua capacidade de pular. Assim, sua experiência consistirá em ir arrancando as pernas do animal, uma a uma, descrevendo os procedimentos e os respectivos resultados em sua pesquisa.

Pois bem, após a remoção da primeira perna, o cientista conclama a sua cobaia para que pule, e percebe que a pulga continua com suas habilidades motoras para o pulo preservadas, e prossegue em seu experimento. Mais adiante, após mais algumas perninhas retiradas e o pesquisador dando o comando para novos saltos, nosso cientista ainda está obtendo os mesmos resultados. Até que, finalmente, a cobaia, apoiada em sua última perna, é submetida à derradeira intervenção da pinça e, recebendo a ordem para que pule, não mais o faz.

Após descrever e justificar todos os procedimentos adotados, nosso cientista interpreta os dados obtidos e chega à sua conclusão "científica": **pulga sem pernas fica surda!**

1.2 Pesquisa teórica e pesquisa prática

A pesquisa tradicionalmente se organiza sobre uma base exclusivamente teórica, podendo ter também uma aplicação prática subsidiária ou enfocar uma base empírica, dando um necessário tratamento teórico. Portanto, uma pesquisa exclusivamente teórica é possível, mas uma pesquisa prática sempre demandará a exposição do suporte teórico empregado. Vamos ver como isso funciona.

1.2.1 Pesquisa teórica

A modalidade teórica de pesquisa pressupõe que você irá trabalhar com um arsenal bibliográfico suficiente e de excelente qualidade para se aproximar dos problemas.

Assim, obrigatoriamente, a investigação deverá contemplar uma revisão bibliográfica rigorosa para sustentar a abordagem de seu objeto. Perceba que uma pesquisa teórica não tem o compromisso direto com sua contrapartida prática, o que não a impede de trazer consigo grande carga de aplicabilidade prática a objetos práticos específicos a serem determinados em outras pesquisas. Então, nesse caso, não há a obrigação direta de promover projetos experimentais.

Obviamente que *bibliografia* compreende uma gama de materiais disponíveis; podem ser livros de qualquer tipo, ensaios, compilações, artigos em revistas especializadas, material bibliográfico encontrado nos meios eletrônicos como a *internet*, o CD-ROM, e assim por diante.

Vamos dizer que você gostaria de pesquisar Direito Tributário, discutir a noção de capacidade contributiva. Primeiro você iria promover uma revisão bibliográfica rigorosa das obras localizadas, revisando conceitos e ideias importantes para a perfeita compreensão de toda a extensão de seu trabalho e, o mais importante, a indicação clara e amplamente exposta e fundamentada do(s) referencial(is) teórico(s) adotado(s), ou seja, o lugar de onde você olha seu objeto, sua perspectiva. Então, digamos que você pretenda aplicar a Teoria x para examinar a capacidade contributiva. Você deverá promover sua revisão bibliográfica assim como de qualquer outro conceito operativamente importante para a perfeita clareza do que você quer tratar.

111

Perceba que a qualidade dos autores que você escolher para trabalhar será determinante para o bom resultado de sua pesquisa. Então, supere a tentação do investigador principiante de resolver tudo por meio dos manuais e compêndios. Estes últimos têm seu valor direcionado apenas para o suporte didático de estudo para alunos de graduação e até de pós-graduação. Compêndios, manuais e obras afins se destinam a orientar e esclarecer de forma superficial, objetiva e, sobretudo, didática os temas que são seus objetos privilegiados de abordagem. Assim, se você vai pesquisar um autor do calibre de Hans Kelsen, por exemplo, esse tipo de material bibliográfico oferecerá no máximo pálidos indicativos de seu pensamento e de suas obras, não resultando do esforço aprofundado de pesquisa. Não se justifica também citar o nobre autor por intermédio de outros autores, já que sua obra não está esgotada, dispõe de excelentes traduções em várias línguas, além do original alemão, e inclusive de excelentes versões em português, e são de acesso plenamente possível no território nacional, em bibliotecas e livrarias, inclusive as virtuais.

Vá direto às fontes, àqueles autores que são considerados os grandes mestres no assunto que você está tratando. Descrever as opiniões deles, ainda que diferentes da sua, é sempre fundamental para embasar seu raciocínio. Além do mais, se você discorda, terá a oportunidade de fortalecer, ainda mais, sua posição a partir de sua argumentação

112

com as ideias dos autores que são referência obrigatória no assunto.

Outra coisa: no Direito existe uma máxima que diz que tudo que for alegado deve ser provado; pois é, esse pensamento também se aplica a qualquer pesquisa. Assim, todas as suas conclusões, apreciações de ordem crítica, ou seja, tudo o que houver de manifestação objetivamente sua no trabalho deve ser rigorosamente fundamentado. Como se faz isso? Uma dica: *construindo um raciocínio amparado em revisão bibliográfica rigorosa.*

1.2.2 Pesquisa prática

Quando estudamos a pesquisa teórica ficou clara sua vinculação com a revisão bibliográfica. Pois bem, a pesquisa prática não tem esse compromisso direto com ela, mas sim com as informações empiricamente verificadas ou colhidas dentro de uma amostragem determinada: o trabalho é exaustivamente descritivo dos fenômenos que são objeto da investigação.

A pesquisa prática tem como característica essencial sua experimentalidade, ainda que não dispense um mínimo de referenciais teóricos para organizar sua execução e interpretação dos dados. Mas entenda, experimental não significa só pesquisa de laboratório, pode também ser pesquisa de campo.

113

Vamos agora perceber um detalhe superando essa distinção didática entre pesquisa teórica e pesquisa prática. É possível, e até louvável, que pesquisas teórico-práticas ocorram. Você pode promover toda uma revisão bibliográfica para formular um modelo teórico que possa facilitar a explicação de determinado fenômeno e, na mesma pesquisa, você aplica seu modelo e verifica o seu alcance e eficiência na prática. Um exemplo de pesquisa teórico-prática é o *estudo de caso* que vamos ver adiante.

1.3 Pesquisa descritiva e pesquisa prescritiva

A observância de qual modalidade de pesquisa, descritiva e/ou prescritiva, está sendo desenvolvida é importante para a clarificação dos objetivos almejados. Dessa forma, vamos estudar o que cada um desses dois tipos pressupõe como fundamento.

1.3.1 Pesquisa descritiva

Já falamos em vários momentos em descrição ou característica descritiva da pesquisa. A pesquisa descritiva não propõe soluções, apenas descreve os fenômenos tal como são vistos pelo pesquisador, o que não significa que não serão interpretados, mas somente que a contribuição que se deseja dar é no sentido de promover uma análise rigorosa de seu objeto para, com isso, penetrar em sua natureza (pesquisa quantitativa) ou para dimensionar sua extensão (pesquisa qualitativa). Descrição permite diagnóstico do problema, o que é sempre muito importante e tarefa procedente.

Frequentemente o uso da descrição é entendido como pesquisa analítica porque a análise, a desconstrução e/ou a reconstrução dos conceitos são pressupostos para reorganizar e iluminar discussões intensas sobre os mais variados assuntos. Assim, uma pesquisa teórica pode assumir caráter descritivo, assim como certamente pode ocorrer com a pesquisa prática e ainda com a teórico-prática.

1.3.2 Pesquisa prescritiva

A prescrição de soluções para os problemas suscitados na pesquisa é uma característica das pesquisas prescritivas, mas não é só. Você pode propor um modelo teórico ideal para explicar conceitos e apontá-lo como a melhor solução para determinados problemas. Obviamente, no território da prescrição você não lida apenas com a descrição daquilo que é objetivo, e sim aponta o que, no plano ideal, seria o melhor para o caso.

Assim, por exemplo, você poderia fazer toda a pesquisa para defender uma ideia: a de que o sistema tributário brasileiro deveria adotar o modelo do país x e fundamentar sua proposta em vasta revisão bibliográfica dos dois modelos e seus maiores intérpretes.

Dessa forma, além de descrever aqueles dois modelos e as vantagens e deficiências do modelo brasileiro, você iria prescrever um novo modelo, o do país x, ou ainda um modelo que você mesmo construiu, tudo de forma hipotética, porque não há possibilidade de comprovação prática do sucesso da aplicação de tal modelo, mas você pode promover uma fundamentação competente de sua viabilidade, não é mesmo?

Agora que você já tem uma noção dos tipos de pesquisa que pode optar em realizar, ficará mais fácil acompanhar o próximo assunto a ser tratado: *pesquisa acadêmica*, aquela que é praticada no âmbito das Instituições de Ensino Superior, geralmente para obtenção de algum tipo de titulação acadêmica (especialista, mestre, doutor, livre-docente, professor catedrático, professor titular, pós-doutor).

2 Pesquisa acadêmica

Nossa preocupação nesta obra é fornecer o instrumental metodológico necessário para facilitar a realização das atividades de pesquisa desenvolvidas no ambiente acadêmico brasileiro. As pesquisas acadêmicas assumem tipologia tripartite composta por monografia (de final de Curso de Graduação/TCC, de Curso de Pós-Graduação *Lato Sensu*/ Especialização, de *Qualify* para Doutorado, que vise concursos para a própria carreira acadêmica e outros), dissertação (de Mestrado) e tese (de Doutorado) ou também para concursos na área acadêmica. Monografias e dissertações, apesar de serem formalmente denominadas *pesquisas acadêmicas*, frequentemente não podem ser consideradas pesquisas científicas no sentido nobre e superlativo da expressão, mas por se tratar de trabalhos didático-científicos devem observar as mesmas regras na sua realização.

2.1 Monografia (trabalho de conclusão de curso de graduação, trabalho de conclusão de curso de especialização e/ou aperfeiçoamento)

O termo *monografia* já dá a ideia de algo que é *mono*, um só. É a escrita sobre um só assunto. Na verdade, um tema bem recortado. Esse recorte temático pode ser feito dentro de uma obra determinada. Exemplo: o conceito de Democracia na obra x do autor y. O recorte pode ser feito, também, de forma um pouco mais ampliada, na totalidade do pensamento de um autor. Exemplo: o conceito de Democracia no pensamento do autor y. Pode ser focalizado um tema dentro de um debate inerente a certas teorias ou escolas de pensamento. Pode ainda abordar um fenômeno ou instituto jurídico, desde que isolados de uma abordagem que demande a explanação por grandes áreas temáticas adjacentes.

O problema não precisa ser novo, nem deve ser abordado de forma extensiva, como na dissertação, mas deve ser rigoroso em seu tratamento, o que significa dizer que o resultado da pesquisa deve acrescentar alguma coisa de interessante e produtiva ao debate sobre o assunto escolhido.

A monografia deve procurar esgotar o tema que se propõe a examinar. Portanto, busca profundidade em sua pesquisa e avaliação dos resultados. Isso em detrimento do amplo alcance e desdobramentos que o estudo poderia vir a determinar sobre outros assuntos a ele correlatos.

Quando a monografia tem como objeto um fenômeno unitário, um caso específico, examinado em profundidade, pode receber a denominação *estudo de caso*, uma modalidade monográfica formalmente simplificada, mas na qual é exigido o mesmo rigor na pesquisa.

As monografias, hoje em dia, são exigidas como condição de término de curso da maioria das Graduações (Trabalho de Conclusão de Curso – TCC) e das Especializações (Pós-Graduação *Lato Sensu*) e também como *Qualify* nos programas de Doutorado.

Convencionou-se estipular a quantidade de páginas da monografia para a área de Ciências Humanas e Sociais, como é o caso do Direito, entre o mínimo de 55 e o máximo de cerca de 70 páginas **de texto**. Evidentemente, cada Instituição de Ensino Superior acaba determinando explícita ou implicitamente o número de páginas esperado do candidato ao título. Vale a pena se informar a respeito na sua Instituição antes de iniciar os trabalhos.

2.1.1 Estudo de caso

Estudamos anteriormente a diferença entre a pesquisa qualitativa e a pesquisa quantitativa. Agora vamos tratar de um tipo de pesquisa monográfica característica da primeira: o *estudo de caso*.

Como você já viu, a pesquisa qualitativa procura enfatizar as qualidades e as especificidades de seu objeto (ideia, conceito, coisa, pessoa, fato, fenômeno etc.), dando ênfase para as suas origens, desenvolvimento e forma de ser.

Pois bem, no estudo de caso, o objeto sofre um recorte metodológico radical, de maneira que o pesquisador assume o compromisso de promover sua análise, de forma profunda, exaustiva e extensa, o que equivale a dizer que deverá examinar seu objeto sempre levando em consideração os fatores que acabam influenciando direta ou indiretamente sua natureza e desenvolvimento.

Então, no estudo de caso passamos a ter uma limitação de tipo dos assuntos a serem tratados, assim como certa especificidade metodológica em seu tratamento. Em primeiro lugar, o *caso* que será objeto da pesquisa deve possuir uma contrapartida no plano fático, histórico, isto é, o objeto deve ser alguma coisa que realmente exista e possa ser experimentada pela nossa percepção de realidade, ainda que nomes fictícios sejam utilizados para preservar a integridade moral de pessoas físicas, jurídicas ou de instituições envolvidas. Na prática, são excluídos o estudo de conceitos, de ideias e de categorias e, mais além, são excluídas quaisquer investigações que não possam ser delimitadas no tempo e no espaço. Exemplo: em um estudo de caso o pesquisador não terá como objeto **a** *sonegação fiscal*, mas sim **o caso de** *sonegação fiscal x*, **ocorrido na localidade** *y*. Então, o exame se dará sobre uma situação empiricamente verificável e não sobre o tema geral *sonegação fiscal*.

No caso exemplificado, duas formas de abordagem seriam possíveis a partir das características metodoló-

120

gicas e dos objetivos almejados na pesquisa. Por um lado, o investigador poderia fornecer os critérios de análise partindo da adoção de um referencial teórico e, depois ou mesmo antes, promover uma revisão bibliográfica de todos os conceitos envolvidos, que vão variar e se mesclar conforme a orientação da pesquisa. No caso de abordagem jurídica: o estudo dos institutos envolvidos; no caso de abordagem sociológica: o estudo das categorias envolvidas; no caso de abordagem administrativa: a revisão dos conceitos envolvidos; e assim por diante.

Revisão bibliográfica pronta, referenciais teóricos adotados, tema delimitado, objetivos assumidos, procede-se à aplicação de todas essas informações na análise do caso estudado. Perceba que, nesse caso, o método dedutivo teria sido adotado. Naturalmente que se pode chegar a várias conclusões, dependendo sempre do referencial teórico assumido. Assim, no estudo de caso dedutivo devemos ter clareza da necessidade de adotarmos uma teoria ou conjunto categorial que servirá de suporte, orientadora no caminho que vamos escolher para levá-lo a cabo. Para que possamos retirar algumas conclusões úteis e sérias, é necessário que optemos por uma teoria ou que façamos escolhas fundamentadas de categorias estratégicas que possam nos iluminar o estudo. Isso em qualquer método, por ser uma investigação em que o sujeito está diretamente envolvido no processo de estudo e de busca de conclusões convincentes. Devemos observar com rigor a criatividade, a objetividade, a lógica, a coerência e, fundamentalmente, a consistência dos nossos argumentos quando nos dedicamos a essa modalidade de pesquisa acadêmica.

121

Por outro lado, o pesquisador pode optar por descrever de imediato o caso em todas as suas dimensões e pormenores, para depois inferir das soluções encontradas para o problema, um indicativo do que poderia ser generalizado para solucionar outros casos semelhantes. Teríamos, então, a aplicação do método indutivo ao estudo de caso.

Para que o estudo seja válido, isto é, justificável, deve contribuir para promover novas relações em função da problemática central, firmando com isso uma contribuição original à área de estudo do tema. Em tempo: os componentes do estudo de caso são os mesmos apontados acima para monografias.

Podemos afirmar que a modalidade de pesquisa sob a forma de estudo de caso se configura como um dos principais desafios a ser enfrentado não só pela área do Direito como também pelo conjunto das áreas das ciências sociais aplicadas. Toda vez que procuramos buscar explicações sobre "por que" ou "como" determinado fato ou instituição foi constituída e/ou funciona, a forma de investigação sob a modalidade de estudo de caso é a mais adequada.

Nessa modalidade de investigação, a simples descrição do instituto, fenômeno ou fato por si mesmo não cumpre com todos os requisitos de um estudo de caso. A aplicação do método é necessária para que o fenômeno de estudo possa ser descrito e analisado de forma ampla e profunda. O estudo de caso requer a delimitação adequada do objeto a ser investigado e também a análise de todas as variáveis que o envolvem. Por meio dessa modalidade de investigação podemos conhecer aspectos qualitativos que dificilmente seriam revelados com a simples descrição quantitativa do objeto de estudo.

Conforme alerta Martins (2008), o estudo de caso requer do pesquisador muita atenção e habilidade para que possa controlar os "potenciais vieses" que envolvem o objeto de estudo, como também exige que o pesquisador tenha o cuidado de não direcionar "dados e evidências" observados para conclusões que apenas comprovem as suas pressuposições empíricas iniciais.

> **ATENÇÃO:**
>
> Vale reforçar o lembrete de que o estudo de caso não se resume a simples *descrição* do objeto, fato, coisa ou fenômeno que estamos nos propondo a estudar. O estudo de caso requer do investigador a habilidade para descrever o objeto de estudo e, fundamentalmente, competência metodológica para diagnosticar e analisar todas as variáveis que o envolvem.

A seguir vamos apresentar alguns tipos de estudo de caso que você pode utilizar para desenvolver a sua própria pesquisa.

2.1.1.1 Estudo de caso institucional

Nesta modalidade de estudo de caso a investigação inicia a partir das informações que já existem sobre a Instituição a ser examinada. Parte-se, então, para a coleta de todo material disponível que possa fornecer informações sobre sua criação, evolução e história, tais como: memoriais, arquivos, publicações, entrevistas etc.

A preocupação fundamental está em buscar dados que possam oferecer o conhecimento mais amplo possível para se examinar de forma aprofundada a Instituição objeto do estudo. Como você pode ver, neste modelo de pesquisa, antes de iniciarmos qualquer procedimento de análise, devemos efetuar a coleta de material; quanto mais informações obtivermos sobre a Instituição, mais ela poderá ser por nós conhecida.

Perceba que o estudo de caso institucional pode focalizar, por exemplo, o Parlamento, o Poder Judiciário, Partidos Políticos, Organizações Não Governamentais, Movimentos Sociais etc. Todavia, sempre recortando a abordagem da Instituição no tempo, no espaço e no(s) aspecto(s) relevante(s) para a investigação (história, estruturação funcional, organizacional, orçamentária, ideologia etc.).

2.1.1.2 Estudo de caso de categoria aplicada

O estudo de caso possui uma dimensão teórico-prática bem definida nessa modalidade. A tarefa se resume em eleger uma categoria e vinculá-la a um determinado fenômeno ou evento concreto ou mesmo hipotético, tendo em vista a verificação do alcance e da extensão de sua aplicabilidade. Excelente exemplo encontramos na obra *Fidelidade partidária*, de autoria do jurista paranaense Clèmerson Merlin Clève (1998), na qual é criado um caso hipotético examinado a partir dos postulados da categoria *fidelidade partidária*, tendo como objetivo esclarecer a possibilidade de aplicação da pena de expulsão de parlamentares de agremiações partidárias no caso de infidelidade.

2.1.1.3 Estudo de caso factual

Por vezes o objeto do estudo de caso poderá ser um fenômeno ou um evento verificado de fato na realidade, tal como uma greve, um processo de votação no Parlamento, uma manifestação política etc. São fenômenos ou eventos que podem ser identificados em diferentes planos tratados isoladamente ou em associação recíproca (interdisciplinaridade) nos seguintes territórios: social, político, econômico, histórico, mas sempre submetidos à avaliação jurídica.

2.1.1.4 Estudo de caso comparado

Este estudo possibilita ao pesquisador estabelecer relações comparativas entre dois ou mais casos específicos, com a finalidade de verificar as conexões entre eles. Esse tipo de estudo de caso é fruto da aplicação do método comparativo.

Essa modalidade pode ser associada a todos os demais tipos aqui apontados, de modo que você poderá realizar um estudo de caso comparado institucional, um estudo de caso comparado categorial aplicado, um estudo de caso comparado jurisprudencial, e assim por diante.

2.1.1.5 Estudo de processos judiciais e/ou administrativos

Quando se analisa um caso jurídico considerado relevante por suas características especiais ou pelas consequências que assume ou assumiu, é bom, antes de qualquer coisa, prestar atenção em uma questão de ordem ética. A sua pesquisa não pode causar nenhuma espécie de dano material ou moral a ninguém. Assim, se você relatar e examinar um caso que esteja em curso e que envolva indivíduos ou empresas particulares, omita seus nomes, substitua-os por nomes fantasia, de tal forma que não possam ser identificados pelo leitor. Se apenas órgãos públicos estiverem envolvidos, a denominação verdadeira pode ser preservada ou não, a seu critério. Também para casos já transitados em julgado você poderá proceder de igual forma, exceto para aqueles que tenham corrido em segredo de justiça.

Se você pretende fazer esse tipo de estudo de caso, escolha um caso objeto de um procedimento administrativo e/ou judicial (em andamento ou já concluído) ao qual você tenha amplo acesso (os documentos essenciais deverão estar anexados). Não se limite a relatá-lo. Mero relato simplificado não é pesquisa. Não faça justaposições simplificadas (bricolagens) de trechos do processo com várias jurisprudências sem **apreciação do conjunto**. Promova uma **reflexão profunda** sobre seu objeto de pesquisa. Avalie os antecedentes e as consequências do caso. Examine as soluções possíveis a partir de outras perspectivas. Indique claramente seu referencial teórico. Promova uma revisão bibliográfica de todos os conceitos envolvidos. Demonstre, enfim, a importância da análise do caso e de sua própria investigação.

2.2 Dissertação

Na definição da ABNT, contida na NBR 14.724/2011, a dissertação é o "documento que representa o resultado de um trabalho experimental ou exposição de um estudo científico retrospectivo, de tema único e bem delimitado em sua extensão, com o objetivo de reunir, analisar e interpretar informações". A definição salienta ainda a exigência de que o trabalho deve ser capaz de evidenciar o "conhecimento de literatura existente sobre o assunto e a capacidade de sistematização do candidato".

A dissertação é, portanto, o trabalho escrito que coroa a Pós-Graduação *Stricto Sensu* realizada pelo mestrando, com sua aprovação por uma banca examinadora composta de três membros (Professores Doutores), obtendo, dessa forma, o candidato sua titulação de mestre (MSc. Fulano de Tal).

Na dissertação, assim como na monografia, o mestrando não tem ainda o compromisso de lançar uma tese original sobre determinado problema, ainda que possa fazê-lo por liberalidade sua. Mas veja, da mesma forma que na monografia, a dissertação deve mostrar sua contribuição para o debate sobre o tema objeto de seu trabalho. Esse tema pode não ser novo, mas a abordagem, com certeza, deverá ser inovadora, e mais, deverá apontar para perspectivas antes não tratadas, portanto inéditas. Então, está claro que na dissertação há certo compromisso com a originalidade, ainda que em menor grau, se comparada com a que se espera de uma tese.

Por outro lado, a dissertação é bem mais extensa que uma monografia, porque agora o tema, ainda que recortado, deve receber um tratamento tal que se consiga relacioná-lo com os mais variados aspectos envolvidos na problemática que o abarca. É necessário fazer conexões entre raciocínios, estabelecer pontes entre ideias, pensamentos, conceitos e formas de abordar o mesmo tema. Há que se justificar o "porquê" da estratégia de aproximação do problema que é adotada, ou seja, justificar a opção por tais ou quais metodologias e referenciais teóricos para a pesquisa.

Na dissertação o aluno deverá demonstrar domínio do conhecimento pertinente à sua área de pesquisa.

128

Trata-se de uma modalidade de pesquisa acadêmica que tem um cunho analítico, recapitulativo ou interpretativo sobre o tema/assunto muito bem demarcado e especificado. Na dissertação devemos procurar tratar o objeto de estudo de forma sistematizada, procurando sempre precisar o máximo possível o alcance da investigação.

Vale ressaltar, no entanto, que uma dissertação não deve ser reduzida a um estudo meramente descritivo de fontes consultadas, ou seja, a um amontoado de citações. Para que seja caracterizada como uma investigação efetivamente científica, deve a dissertação apresentar reflexões pessoais acerca de seu objeto. Devemos tomar muito cuidado com o excesso de citações diretas de fontes consultadas. Quando falamos em pesquisa acadêmica, que é o caso de uma monografia, dissertação ou tese, não estamos falando em uma mera compilação ou transcrição de ideias mencionadas por outros autores. A reflexão pessoal torna-se um ingrediente indispensável para qualquer trabalho que se pretenda científico.

Enfim, devemos ter em mente que o propósito fundamental de uma dissertação, além de proporcionar a obtenção de um grau acadêmico, é o de introduzir o mestrando no mundo do conhecimento, da ciência e do método, que, obviamente, não se encerra com a realização do trabalho escrito, nem com a elaboração da tese doutoral, pois, como vimos anteriormente, o conhecimento é um processo evolutivo e complexo que jamais se concretizará com qualquer trabalho acadêmico. Além do mais, o que se pode denominar *pesquisa científica* ou *acadêmica*, muito provavelmente, só estará em condições de ser desenvolvida no doutorado. O mestrado é, na verdade, um programa de treinamento de pesquisa.

A quantidade de assuntos que podem ser objetos de dissertações é tão ampla quanto são os problemas não respondidos em todas as respectivas áreas do conhecimento humano; portanto, não é mais possível estabelecer uma tipologia de dissertações, assim como de teses.

A dissertação necessita, convencionalmente, de um mínimo de 100 páginas **de texto**, para que o assunto possa ser desenvolvido e suas bases bem fundamentadas, até o limite máximo em torno de 170 páginas **de texto**. Obviamente vale também aqui a orientação dada quanto ao número de páginas da monografia: verifique as exigências ou as expectativas de seu Curso.

Para todos aqueles que exercem a tarefa de investigação científica, vale a advertência para a conservação do discernimento e da humildade acadêmica. Em 100 ou 170 páginas de texto e com os objetivos a serem cumpridos para uma dissertação, não há como o candidato a pesquisador maduro, humilde e honesto pretender resolver o problema do Direito diante da complexidade crescente das Sociedades contemporâneas... Sobre a necessidade de recortar o tema, veja mais adiante, na seção dedicada ao Projeto de Pesquisa, o item referente à *Delimitação do Tema*.

130

2.3 Tese

Para a ABNT (NBR 14.724/2011), a tese é o "documento que representa o resultado de um trabalho experimental ou exposição de um estudo científico de tema único e bem delimitado". A norma também exige a presença da originalidade na investigação, "constituindo-se em real contribuição para a especialidade em questão".

Assim, ao contrário da dissertação, mas dando prosseguimento ao processo de amadurecimento do pesquisador, a tese de doutoramento exige um grau mais sofisticado de investigação e, portanto, mais estudo e dedicação, assim como uma boa capacidade de redação do resultado final da pesquisa, que às vezes chega a mais de 400 ou 500 páginas, conforme seu grau de complexidade e linha de pesquisa (frequentemente até muito mais, mas verifique as expectativas do Curso que você está fazendo!). Convencionou-se estipular o número mínimo de 350 páginas **de texto** para o trabalho. A tese também é o instrumento de qualificação para o concurso de professor titular (em algumas Universidades ainda existem a tese de livre-docência e similares).

É sempre bom lembrar que para o sistema brasileiro de pós-graduação é necessária a comprovação de proficiência em pelo menos duas línguas estrangeiras para o ingresso nos programas de doutorado. Tal exigência tem seu sentido diante das demandas que se colocam ao doutorando:

dificilmente o candidato conseguirá atingir sua meta de forma fundamentada e inédita sem acessar bibliografia estrangeira em seus originais ou em boas traduções em outras línguas.

A tese é submetida a uma banca examinadora, normalmente composta de cinco membros (Professores Doutores), que irá avaliar sua profundidade, extensão e, o mais importante, o que há de realmente original nela. Já falamos há pouco que a originalidade não significa exatamente um assunto novo, um objeto novo, nunca antes trabalhado. O tratamento do objeto a partir de modelos teóricos diferenciados pode ser o que torna a tese original. Muitas vezes, olhando o problema de outro ângulo, consegue-se explicar o tema de forma mais bem-sucedida. Através da tese de doutoramento o pesquisador deve demonstrar a sua capacidade investigativa, e sua pesquisa deve oferecer contribuição significativa para a sua área de conhecimento.

A questão é que esse tipo de investigação já acompanha a evolução de um pesquisador amadurecido, e a complexidade do tema examinado demanda sempre um fôlego intelectual e criativo bem maior que as outras modalidades de pesquisa acadêmica, o que vai resultar, provavelmente, em calhamaços de papel escrito.

Toda tese de doutoramento que se preze, além de promover a exposição analítica de seus postulados, isto é, sistematizar o seu objeto de estudo e demonstrar suas proposições, deve possuir raciocínio lógico com argumentação consis-

tente que possibilite **a comprovação da conclusão apresentada.**
O compromisso que assumimos ao elaborarmos uma tese doutoral é o de examinar de forma crítica as teorias que envolvem o objeto, analisar seus resultados e, por fim, apresentar nossa conclusão a partir de argumentos lógicos e consistentes.

3 Projeto de pesquisa (ABNT 15287/2011)

Como todas as nossas aspirações na vida, as chances de sucesso ao final do caminho estão diretamente relacionadas a um bom planejamento do trajeto. Assim, na pesquisa acadêmica é necessário, e, normalmente, até exigido, o projeto de pesquisa.

O projeto manifesta as pretensões de pesquisa. É o documento elaborado pelo investigador no qual ele apresenta os fundamentos temáticos em forma de revisão bibliográfica, a justificativa da pesquisa, seus objetivos, especifica e recorta o tema com clareza, formula problemas a serem respondidos ao longo do procedimento investigativo e estabelece um roteiro de trabalho.

Vamos nos ocupar agora dos elementos fundamentais que devem estar contidos no projeto. Note que para apontá-los você já deverá estar em um determinado grau avançado de estudos e leituras preliminares que lhe deem segurança para a redação de sua carta de intenções de pesquisa. Isto é, você já deve saber com o que está lidando, o que quer, onde encontrar o que falta e quais serão as dificuldades que você se dispõe conscientemente a superar.

Além disso, a pesquisa deve ser factível, o que equivale a dizer que deve ser possível de ser realizada, viável. Se você se propuser a pesquisar a atmosfera de Marte, deverá, no mínimo, ter amplo acesso às informações da NASA. Se vai pesquisar um autor estrangeiro que não dispõe de tradução idônea e suficiente em português, deverá dominar a língua original de sua obra ou, pelo menos, ter acesso a excelentes e suficientes traduções em uma língua que você domine. Agora, se o autor já foi traduzido para o vernáculo pátrio, não se justifica que seja citado via *apud*.

O que estamos querendo dizer é que é preciso uma boa dose de autocrítica, humildade e discernimento para não se entregar a verdadeiras aventuras investigativas, uma vez que não se tenha acesso ao próprio objeto de pesquisa.

Mas, cá entre nós, se você notar que alguma forma de comportamento antiprodutivo já está se tornando recorrente, atente para o que Umberto Eco (1989, p. 39) chama de...

neurose da tese.

A *neurose da tese* é um quadro psicológico limite para o pesquisador, na qual ele se vê tomado implacavelmente pelas próprias inseguranças, de forma a prejudicar todo o seu trabalho. Não se assuste com essa possibilidade, que é

135

muito comum. Mas tenha claro que, se você for disciplinado e mantiver sua objetividade, vencerá qualquer obstáculo.

Os elementos que apresentaremos a seguir devem vir dispostos de forma contínua no projeto (não há necessidade de abrir novas páginas para cada tópico). Enumere todas as seções e subseções, além das páginas, é claro. Não se esqueça: a folha de rosto e o Sumário contam para a paginação, entretanto os números (ao alto e à direita da folha) devem ser ocultados.

3.1 Componentes do projeto

Vamos apresentar a seguir a estrutura comentada de um projeto de pesquisa no qual você possa se basear quando chegar a essa etapa de seus estudos acadêmicos.

3.1.1 Capa

A capa apresenta as informações institucionais e autorais precisas sobre o projeto:

a) o nome da Instituição de Ensino Superior, do Centro, Faculdade, Curso, Instituto ou similar;

b) a identificação precisa do tipo de pesquisa que será realizada (monografia, dissertação ou tese);

c) o título da pesquisa;

d) a identificação do autor do projeto;

e) a identificação do Professor Orientador com sua titulação; e

f) local e ano.

O mesmo modelo de capa de projeto de monografia poderá ser utilizado para destinações monográficas específicas tais como o Trabalho de Conclusão de Curso (TCC), o estudo de caso ou *qualify* para doutorado, além daquelas destinadas a obtenção do título de especialista. Nestes casos basta alterar a identificação da tipologia do projeto apresentado para cada caso. Exemplo: "Projeto de Trabalho de Conclusão de Curso", "Projeto de Estudo de Caso", "Projeto de Monografia" (para *qualify*, especializações etc.).

Modelo de capa de projeto de monografia

UNIVERSIDADE FEDERAL DE SANTA CATARINA
CENTRO DE CIÊNCIAS JURÍDICAS
DEPARTAMENTO DE DIREITO
CURSO DE PÓS-GRADUAÇÃO *LATO SENSU* EM
DIREITO TRIBUTÁRIO

PROJETO DE MONOGRAFIA

FUNDAMENTOS SOCIOPOLÍTICOS DA
CONCEPÇÃO DE CAPACIDADE
CONTRIBUTIVA DO SISTEMA TRIBUTÁRIO
NACIONAL

Aluno "X"

Orientador: Professor "Y"

Florianópolis
2022

Modelo de capa de projeto de dissertação

UNIVERSIDADE FEDERAL DE SANTA CATARINA
CENTRO DE CIÊNCIAS JURÍDICAS
CURSO DE PÓS-GRADUAÇÃO EM DIREITO
PROGRAMA DE MESTRADO

PROJETO DE DISSERTAÇÃO

O PODER DE VIOLÊNCIA SIMBÓLICA
NO DISCURSO JURÍDICO PENAL

Mestrando: "X"
Orientador: Professor Doutor "Y"

Florianópolis
2022

Modelo de capa de projeto de tese

**UNIVERSIDADE FEDERAL DE SANTA CATARINA
CENTRO DE CIÊNCIAS JURÍDICAS
CURSO DE PÓS-GRADUAÇÃO EM DIREITO
PROGRAMA DE DOUTORADO**

PROJETO DE TESE

**DOS DIREITOS HUMANOS AOS DEVERES
HUMANOS: o impasse ético do paradigma jurídico
liberal na transmodernidade**

**Doutorando: "X"
Orientador: Professor Doutor "Y"**

**Florianópolis
2022**

3.1.2 Sumário

Para projetos mais extensos é recomendável sumariar o conteúdo para facilitar o seu manuseio. Se o resultado final for exíguo em termos de folhas, tal como duas ou três páginas, evidentemente o Sumário será dispensável.

Veja a seguir um modelo de Sumário de projetos de monografia, dissertação ou tese.

SUMÁRIO

1. Identificação do projeto 03
2. Tema 04
3. Delimitação do tema 04
4. Problema 05
5. Hipóteses 06
5.1 Hipótese principal 06
5.2 Hipóteses secundárias 06
6. Tese <para o doutorado> 07
7. Variáveis 08
8. Objetivos 09
8.1 Objetivo geral 09
8.2 Objetivos específicos 09
9. Justificativa 10
10. Revisão bibliográfica 13
11. Metodologia 31
12. Estrutura final do trabalho 32
13. Cronograma 34
14. Orçamento 35
15. Glossário <se necessário> 36
16. Referências preliminares 38
17. Apêndices <se houver> 49
18. Anexos <se houver> 51

3.1.3 Identificação

É necessário que o autor forneça todos os dados identificadores do projeto antes de iniciar a sua apresentação. Assim, nessa parte, devem-se disponibilizar as seguintes informações:

a) o título provisório do trabalho;

b) a identificação do autor;

c) a identificação do Professor Orientador;

d) a identificação do Professor Responsável ou Coorientador (se houver);

e) a especificação da área de atuação/concentração (se houver);

f) a linha de pesquisa na qual se insere a proposta de investigação (se houver);

g) a duração, o início e o término programado para a atividade;

h) o envolvimento de alguma Instituição de fomento à pesquisa (caso o pesquisador tenha recebido qualquer forma de apoio material, financiamento ou bolsa); e

i) as Instituições conveniadas (se houver).

Veja a seguir um modelo de página de identificação que poderá ser adaptado para utilização em projetos de pesquisa de qualquer grau acadêmico.

> **1. IDENTIFICAÇÃO DO PROJETO**
>
> – **Título:** Fundamentos sociopolíticos da concepção de capacidade contributiva no Sistema Tributário Nacional
>
> – **Autor: "X"**
>
> – **Orientador: Professor "Y"**
>
> – **Coorientador: (se houver)**
>
> – **Área de concentração: (se houver)**
>
> – **Linha de pesquisa: (se houver)**
>
> – **Duração: 06 meses**
>
> > **Início: março de 2022**
> >
> > **Término: setembro de 2022**
>
> – **Instituição financiadora: (se houver)**
>
> – **Instituição conveniada: (se houver)**

3.1.4 Tema

O tema se identifica com o próprio objeto da pesquisa; é, de forma geral, o assunto de que se vai tratar. Exemplo: podemos estabelecer a *Democracia* como objeto de estudo. Este pode ser um tema. Entretanto, devemos delimitá-lo a fim de que não fique amplo demais. É bom ressaltar que só com o tema não podemos iniciar uma investigação. O tema não é o problema, é tão somente um ponto de partida, uma referência sobre o que vamos estudar. Ao estabelecermos o tema para análise, sempre acabamos escolhendo o objeto em um sentido amplo. Para estudarmos com profundidade o nosso objeto, devemos também estabelecer alguns outros elementos (problema, objetivo, método etc.), os quais trataremos em seguida.

Se você começar a reparar que só os outros assuntos são interessantes, mude o tema ou o enfoque de sua pesquisa antes que seja tarde. Nada mais triste do que um pesquisador frustrado, porque não chegou aonde queria ou fez uma pesquisa sobre o que não gostava ou não se interessava. Faça a escolha da pesquisa passar pelo filtro de suas emoções antes de tratá-la de modo racional.

A escolha do tema provavelmente seja uma das decisões mais importantes que você tomará ao empreender sua investigação científica. Para esta empreitada, destacamos algumas recomendações que poderão ser de grande utilidade nessa fase.

1) Verifique sua disponibilidade de tempo. Procure escolher um tema que você tenha condições de estudar e desenvolver dentro do prazo estabelecido pelo seu Programa de Pós-Graduação. Verifique seus afazeres pessoais e profissionais; com isso você terá uma ideia de quantas horas diárias ou semanais você terá para se dedicar à pesquisa. Procure organizar toda a sua vida a partir de um cronograma de atividades.

2) Escolha um tema sobre o qual já tenha algum tipo de conhecimento. Qualquer pesquisa não acaba em si mesma, sempre vamos querer conhecer mais. Assim, tenha claro que não será em uma etapa da sua vida que você vai resolver todos os problemas da humanidade. Procure escolher um tema que esteja ao seu alcance, com o qual você já tenha tido algum tipo de contato, seja pessoal ou profissional. Devemos aproveitar todo nosso conhecimento anterior para aperfeiçoá-lo, para testá-lo, para buscar novas formas de encará-lo. Não queira fazer uma aventura sobre algo com que você não tenha tido nenhum tipo de contato anterior. Veja qual a contribuição que sua pesquisa vai apresentar para a área de conhecimento, para a sociedade e para você mesmo. A repetição de temas pouco contribui para o avanço da ciência. Muito cuidado com os temas genéricos ou complexos. Procure fazer uma reflexão pessoal sobre o que você já sabe sobre o tema e sobre o material de pesquisa disponível.

3) Procure se deixar levar pelos seus próprios interesses. Assim como nos referimos ao filtro das emoções, no momento em que escolhemos o tema para pesquisa, na verdade estamos escolhendo um parceiro ou parceira que poderá vir a nos acompanhar até mesmo pelo resto de nossas vidas ou, pelo menos, por um bom trecho de nossa trajetória acadêmica. Assim, na escolha do tema devemos sempre observar nossas aptidões e desejos pessoais. Escolher determinado tema para estudar e depois voltar atrás representa tempo e investimentos perdidos.

Não tenho uma ideia para o tema
que quero pesquisar?

Esta situação é muito comum para quem está dando os primeiros passos no campo da pesquisa. Neste caso, é muito normal nos sentirmos angustiados e inseguros quanto à escolha do tema. Uma boa ideia é procurar se atualizar com as discussões de sua área geral de interesse. Uma boa forma de fazê-lo é recorrendo a artigos publicados em revistas especializadas na área. A partir dos debates acadêmicos mais especializados e sofisticados podemos ter uma ideia de questões doutrinárias que estão sendo discutidas no momento e que possuem algum tipo de interesse na área do conhecimento.

Possivelmente, tais ideias ou abordagens inovadoras somente serão publicadas em livros muito depois. Com isso, você poderá ter a opção de escolher um eixo temático atual e que venha a agregar alguma contribuição à área. Caso ainda você não tenha nenhuma ideia de tema, trocar ideias com professores, pesquisadores, colegas, amigos, pode ser também uma grande saída. Grandes ideias às vezes podem estar onde nós menos imaginamos. Outra dica está na recuperação e desenvolvimento mais rigoroso de algum tipo de trabalho que você tenha feito anteriormente, seja no curso de graduação, em uma capacitação, ou curso de pós-graduação ou, até mesmo, no campo profissional. Nestes momentos não devemos descartar qualquer tipo de informação.

O que fazer quando tenho vários temas?
Neste caso recomenda-se que comecemos por eliminar aqueles em que não temos muita convicção. Procure confiar em sua intuição. Analise e amadureça cada um deles por um período curto de tempo, em seguida você mesmo irá eliminá-los gradativamente. Procure levantar questões sobre os temas, verifique quais as dificuldades que você poderia encontrar em cada um deles. Se as dúvidas persistirem, converse com seu orientador, professor, colega, amigo. Busque ler revistas especializadas, elas poderão lhe fornecer ótimos incentivos também para a escolha deste ou daquele tema.

3.1.5 Delimitação do tema

Se o tema é o objeto da pesquisa em sua totalidade (exemplo: Jurisdição constitucional), a sua delimitação é um elemento deste objeto, ou seja, um aspecto a ser privilegiado, uma faceta, um destaque especial (exemplo: A compreensão do Supremo Tribunal Federal sobre a função de controle de constitucionalidade das leis após a Constituição da República Federativa do Brasil).

A delimitação do tema é, então, um **recorte** que o pesquisador deve fazer no seu objeto, de modo a deixá-lo o mais específico possível. Muitas vezes o bom recorte assegura o sucesso dos resultados. Você perceberá que, uma vez delimitado o tema, o trabalho assume novos contornos, mais precisos, e é por isso, também, que será subsumido no título do trabalho. Dessa forma, a tendência natural é a de que o título do trabalho venha a ser igual ou muito próximo ao da proposta de delimitação do tema.

Retomemos o exemplo do tema *Democracia*. Naturalmente, se você está um pouco informado, já sabe que sobre esse assunto existem infinitas obras. Com o tema delimitado é possível estabelecer um limite no tempo e no espaço para a sua investigação. Exemplo: "A Democracia na Grécia Antiga"; "A Democracia no Governo FHC: período de 2000 a 2002"; "A Democracia e o Poder Executivo de Florianópolis: Governo Grando". Vejamos outro exemplo: para o tema Direito Ambiental, a seguinte delimitação: "Aspectos jurídicos da contaminação das águas subterrâneas no Município de Florianópolis, Estado de Santa Catarina".

Tudo isso é para que você perceba que a partir do tema poderíamos estudar inúmeros aspectos, porém, ao estabelecermos os limites de nossa investigação, é dentro deste perímetro que vamos nos comprometer a analisar o objeto. Assim, quanto maior o grau de delimitação do campo de observação, maiores são as condições de examiná-lo em profundidade.

Todo cuidado com temas demasiadamente genéricos e com recortes pouco precisos. O resultado quase certo deste tipo de projeto de pesquisa é desembocar em um trabalho final de simples compilação, recheado de citações sem qualquer referência reflexiva do autor, tratando-se de tudo e nada ao mesmo tempo.

Enfim, podemos delimitar o nosso campo de investigação a partir de diferentes enfoques. Mas lembre-se de que devemos sempre definir todos os conceitos que vamos aplicar no decorrer de nossa pesquisa logo de início, em sua primeira parte.

3.1.6 Problema

Escolhido e delimitado o tema, cumpre a seguir estabelecer o problema motivador de sua pesquisa, sua motivação central. Perceba que esta etapa é importantíssima, pois será a partir dela que o investigador estabelecerá toda a sua estratégia de abordagem. Enquanto o tema é o objeto da pesquisa, o problema é o questionamento, a dúvida sobre um determinado aspecto deste objeto. E é com a **problematização** do tema que começa propriamente a investigação que terá como propósito a busca de uma resposta lógica, coerente para nossa(s) dúvida(s).

Nesta etapa você deve formular (como uma indagação, pergunta, questão) o problema fundamental que você está se propondo a tratar, a clarificar e até a oferecer respostas, dependendo do tipo da pesquisa. Pense que o resultado de seu esforço de investigação será justamente a resposta encontrada por você no decorrer dessa tarefa. Para tanto, o problema deve constar em seu projeto de forma clara e objetiva. Quanto maior a clareza que você desenvolver sobre o problema que pretende enfrentar, maior também será a facilidade com que seu esforço de investigação irá evoluir.

A formulação dos problemas como enunciados interrogativos, ou seja, problemas como perguntas é a melhor opção. Exemplo: "Existe uma relação possível entre o conceito de Democracia de Aristóteles e o de Norberto Bobbio?". Outro exemplo: "Qual o grau de eficácia das normas constitucionais relativas ao Direito à Saúde após a Constituição da República Federativa do Brasil de 5 de outubro de 1988?".

Em qualquer pesquisa sempre vamos nos defrontar com o estudo da(s) *causa*(s) e/ou do(s) *efeito*(s) do problema. Assim, preste atenção sobre o que você pretende investigar: *causas*, *efeitos* ou os dois. Exemplo: corrupção é o nosso tema. A corrupção no Brasil no período "x" é a nossa delimitação do tema. Pois muito bem, se enfocarmos nosso objeto de estudo como um efeito, então trataremos de, no decorrer do trabalho, buscar a(s) causa(s) da corrupção brasileira no período demarcado. Agora, se optarmos por tratar nosso objeto como *causa*, procederemos à investigação do(s) *efeito*(s) que a corrupção verificada naquele período brasileiro teve, por exemplo, sobre a economia do país, ou para o fortalecimento da cultura antipolítica do cidadão brasileiro médio, e assim por diante.

Nada obsta que *causa*(s) e *efeito*(s) sejam ponderados na mesma pesquisa. A tarefa será, contudo, mais árdua, demandando maior diligência por parte do pesquisador, motivo pelo qual, normalmente, é adotada em trabalhos de maior fôlego, tais como teses, ou mesmo dissertações. Uma monografia também poderá ser conclusiva e, nesse caso, certamente abordará ampla gama de aspectos envolvidos no tema de abordagem escolhido.

Problemas secundários podem ser igualmente apontados nessa parte como apoio e auxílio para a compreensão do conjunto da problemática detectada nos quadros que envolvem o objeto de pesquisa.

3.1.7 Hipóteses e tese

Neste momento você deverá apresentar as **possibilidades de respostas** para o(s) problema(s) suscitado(s), são os caminhos que o raciocínio deverá percorrer na tarefa de desenvolvimento fundamentado do trabalho. Podem ser afirmativas ou negativas, afinal você pode vir a mudar de ideia ao longo do curso da pesquisa. As hipóteses são previsões ou suposições que poderão ser confirmadas ou não ao final da pesquisa.

Como destaca Luna (2000), a utilização de hipóteses sempre esteve mais relacionada à modalidade de pesquisa quantitativa pelo fato de trabalhar com dados estatísticos. Para este último caso, a utilização de hipóteses torna-se imprescindível. Entretanto, em qualquer área de pesquisa sempre o pesquisador tomará algum tipo de posição *a priori* com base em determinada teoria. Porém, ao apostarmos em determinado caminho, arriscamos ser surpreendidos no desenvolvimento da pesquisa por novas constatações ou eventos e acabar tendo que mudar de opinião. É o risco.

Muito cuidado com as hipóteses! Caso você venha a utilizá-las, não se deixe levar por um único caminho, negligenciando outros aspectos que vão sendo colocados no avanço da investigação. Não se transforme em um pesquisador "míope"!

IMPORTANTE!

Jamais confunda a hipótese com o problema da pesquisa. A hipótese sempre será uma resposta para o seu problema. Isto quer dizer que o problema sempre virá antes da hipótese.

A monografia é um esforço de estudo rigoroso sobre um determinado tema, tomado isoladamente e fortemente recortado em sua delimitação. A dissertação é um esforço de estudo analítico, cuja originalidade está na escolha do objeto ou no enfoque dado ao objeto. Nessas duas primeiras modalidades de pesquisa acadêmica desenvolvem-se hipóteses de trabalho para a condução do problema sobre o qual o pesquisador pretende lançar as luzes de seu estudo. São hipóteses estratégicas de condução do raciocínio argumentativo no decurso do texto, são os elementos que comporão o fio condutor na missão de fundamentação teórica e, conforme as características da pesquisa, também na tarefa de exemplificação prática de seu autor. Daí a necessidade da formulação de hipótese(s) de pesquisa de caráter principal, acompanhada(s) por outras auxiliares ou secundárias. São muito mais possibilidades de caminhos do que exatamente verdadeiras respostas ao problema. Ao final do texto o autor do trabalho apresentará sua Conclusão.

Já no caso da tese de doutoramento existem diferenças marcantes que concernem ao próprio conceito de *tese*. Ainda que nessa modalidade de pesquisa acadêmica igualmente se verifique o desenvolvimento de estruturas analíticas de apresentação e fundamentação das linhas mestras do trabalho, o diferencial básico é dado pelo alto grau de consistência e sofisticação dos raciocínios argumentativos desenvolvidos. Pode tratar-se da apresentação de um novo modelo teórico sobre o objeto de pesquisa, de uma resposta conclusiva para o problema – e, portanto, rigorosamente justificada –, ou ainda, da apresentação de um conjunto de descrições e/ou prescrições altamente originais e inovadoras para o esclarecimento do problema central da investigação. Nesse caso, do problema somado à hipótese principal temos a tese. Então, todo o corpo do texto é dirigido para o desenvolvimento da fundamentação da tese que será defendida, na verdade, ao final do trabalho, quando o pesquisador apresentará sua Conclusão. Todo o esforço do doutorando será no sentido de encaminhar as discussões de tal forma a montar um quadro para a defesa de sua tese na Conclusão do trabalho.

É importante salientar novamente que tanto uma dissertação quanto uma monografia podem assumir a defesa de determinada tese e comportar um efeito conclusivo.

Além das hipóteses, a modalidade de pesquisa que você eventualmente realizar poderá demandar para sua melhor consecução o elenco de variáveis possíveis àquelas hipóteses.

3.1.8 Variáveis

As variáveis são os **fatores** teóricos e/ou práticos que podem vir a influenciar o objeto da investigação, ou ainda interagir com ele, alterando suas características e interferindo nos resultados obtidos. Podemos, portanto, considerar como variável qualquer conceito operacional que apresente ou contenha valores, qualquer aspecto, característica, qualidade do objeto de pesquisa que pode alterar ou influenciar substancialmente o seu resultado.

Pela observação do objeto, coisa ou fenômeno, construímos hipóteses (respostas *a priori*), a partir das quais, uma vez confirmadas as respostas, passamos a construir teorias (explicações racionais). As variáveis surgem na passagem entre o processo de observação e o de construção das hipóteses. Variáveis, portanto, são aquelas possibilidades de alterações que o pesquisador deve levar em consideração no momento em que estiver construindo as hipóteses, pois, se houver qualquer desvio ou alteração entre a observação e a construção das hipóteses, o resultado final poderá ficar prejudicado.

Em uma pesquisa sobre a corrupção, existem variáveis que não poderão ser esquecidas sob pena da má contextualização ou limitação excessiva do recorte do trabalho, neutralizando-o em relação a toda extensão de possibilidades de problemáticas envolvidas. Como exemplos dessas variáveis temos: impunidade, burocracia, meios de comunicação, cultura política, *ethos* nacional brasileiro, transparência administrativa etc.

Nas pesquisas acadêmicas na área do Direito, frequentemente, as variáveis são oriundas do próprio pensamento jurídico, ou de seus parâmetros jurisprudenciais. Entretanto, podem originar-se também do quadro das relações complexas da Sociedade, que comporta fatores culturais, econômicos e políticos, e suas implicações no Direito e vice-versa.

3.1.9 Objetivos

Se você está se propondo a pesquisar algum assunto é porque tem uma meta a ser alcançada, pretende constatar, verificar, examinar ou analisar algo. Este é seu objetivo geral. Enquanto o objetivo geral busca definir uma **meta para o trabalho** como um todo, os objetivos específicos estão voltados ao atendimento de questões mais particulares da pesquisa.

ATENÇÃO!

Jamais confunda o objetivo com o problema da pesquisa, apesar de haver uma certa proximidade entre ambos. Com o objetivo pretendemos sempre esclarecer, verificar, examinar alguma coisa, objeto, lei, dentro de determinados parâmetros. O problema é a motivação da pesquisa, ou seja, é a pergunta ou perguntas que queremos responder com a nossa pesquisa.

Além do objetivo geral, sempre surgirão outros objetivos secundários e mais específicos a serem alcançados com o resultado da investigação. Os objetivos específicos podem ser estabelecidos a partir de cada seção primária de nosso trabalho. Dessa forma, para cada seção primária podemos estabelecer um ou mais objetivos que estarão voltados tão somente para aquela parte da pesquisa.

3.1.10 Justificativa

Neste momento apresentam-se os motivos ensejadores, as **razões da pesquisa**, o estágio atual da problemática envolvida e o interesse em sua investigação. Justifica-se o interesse de pesquisar o objeto na forma que está propondo o autor do trabalho.

Na justificativa devemos utilizar todos os argumentos indispensáveis para "vendermos o nosso peixe".

Devemos demonstrar a necessidade e a importância da pesquisa. Lembre-se: se você mesmo não está convencido de sua pesquisa, como acha que irá convencer o seu orientador ou a sua banca? Por isso, escolha um tema que lhe dê motivação e deixe isto muito bem claro na justificativa do projeto, de modo a evidenciar a relevância, a originalidade e o caráter oportuno da pesquisa sobre a temática escolhida.

3.1.11 Revisão bibliográfica (referencial teórico)

Aqui você irá demonstrar o domínio das informações que já estudou e/ou coletou. É fundamental que os **aspectos teóricos embasadores** de sua perspectiva no tratamento do objeto sejam apontados de forma clara e extensiva nesse ponto, para que fique manifesto o seu marco teórico (autor ou teoria de base), ou o conjunto dos referenciais teóricos eleitos que irão dar o alicerce teórico ao seu enfoque, ou o conjunto dos critérios categoriais fundamentais para tratar de seu tema.

Parta do pressuposto de que nenhuma pesquisa se inicia dela mesma, sendo totalmente autorreferente. Ao adentrarmos pelas primeiras vezes um determinado campo de investigação científica, sempre vamos buscar o apoio do conhecimento já produzido na área ou que seja aplicável a ela. São outras pesquisas já existentes.

Dessa forma, o conteúdo da revisão bibliográfica poderá ser justamente a apresentação de uma eventual teoria de base que o pesquisador tenha optado por adotar. Caso contrário, será o relatório harmonizado dos conceitos fundantes que participarão do desenvolvimento do raciocínio argumentativo do texto final, que dará a investigação à estampa. A revisão bibliográfica é apresentada sob a forma de um texto composto do desenvolvimento das ideias essenciais para a compreensão da sua pesquisa e que representam de antemão as contribuições que você optou por incluir como referenciais para todo o seu trabalho.

Não se esqueça que a boa construção da revisão bibliográfica dirá muito sobre a seriedade do esforço de pesquisa de seu autor e será, sem sombra de dúvida, uma passagem extremamente segura para a fase de apreciação crítica de seu objeto. Veja bem, o pesquisador não estará obrigado a adotar nenhum tipo de referencial de análise, nem conjunto categorial predefinido, mas, nesse caso, terá de desenvolver e justificar solidamente a sua perspectiva de tratamento do objeto, o que é terreno espinhoso e arriscado para as primeiras etapas de pesquisa galgadas no ambiente acadêmico. Construir o próprio modelo é louvável e até desejável, mas este deve ser rigoroso e consistente, em condições de ser metodologicamente verificado e sustentado, e um modelo original traduz em si mesmo os efeitos de uma verdadeira tese.

Ao definir o tema, procure imediatamente coletar os dados e o material bibliográfico sobre ele. Quase sempre existirá um tipo de estudo direta ou indiretamente rela-

158

cionado com o que você quer. Esse levantamento preliminar das fontes de consulta já na fase de elaboração do projeto vai possibilitar que você tenha uma ideia mais clara da viabilidade de sua pesquisa e o primeiro contato com o pensamento de autores e escolas que já trataram o mesmo objeto.

Procure já na elaboração do projeto fazer um levantamento criterioso sobre a bibliografia do tema escolhido, assim você não será pego de surpresa mais tarde, quando estiver desenvolvendo a sua pesquisa. Sempre considere a variável TEMPO!

Lembre-se: todo projeto tem uma duração, e, se você não entregar o trabalho no prazo estabelecido, poderá até perder a oportunidade de se titular no Curso que já tiver frequentado. Existem vários endereços de livrarias virtuais. Comprar livros nacionais e estrangeiros hoje está muito fácil, o problema está no preço.

3.1.12 Metodologia

Aqui você faz a opção pela modalidade de pesquisa mais adequada à consecução de seus objetivos e indica os meios (métodos e procedimentos) que adotará para operar com seu objeto.

No conjunto da investigação o pesquisador deverá aplicar, como vimos anteriormente, métodos científicos idôneos. Assim, no item dedicado à metodologia, o autor deverá indicar qual método adotou: dedutivo, indutivo, hipotético-dedutivo, dialético, sistêmico e eventuais métodos auxiliares.

Deverão ser igualmente apontados os procedimentos instrumentais a serem utilizados: material bibliográfico, jurisprudência, estatísticas, entrevistas, análise de caso, e assim por diante.

3.1.13 Estrutura da pesquisa na sua versão final

Você deve montar provisoriamente as partes integrantes do texto final de seu trabalho. Veja um exemplo:

a) Introdução: não escreva já a Introdução, mas o conteúdo que deverá ter;

b) Seção 1: título e sinopse do conteúdo em suas subseções;

c) Seção 2: idem;

d) Seção "n": idem;

e) Conclusão: o mesmo que a Introdução, só que com a indicação do conteúdo adequado; e

f) Referências.

Por uma questão metodológica básica e mesmo estética as seções primárias (capítulos) devem ser equilibradas entre

160

si, assim como suas respectivas seções secundárias, terciárias etc., tanto em termos de rigor na abordagem quanto de quantidade relativa de páginas. É também possível reorganizar os capítulos em partes conforme a lógica de seus conteúdos. Procure estruturar o seu trabalho para que tenha, no mínimo, três seções primárias e não mais do que quatro, se extremamente necessário, principalmente em trabalhos de conclusão de curso, monografias em geral e dissertações. A tese de doutorado, pelas suas próprias características, poderá possuir mais seções primárias.

3.1.14 Cronograma

O planejamento da pesquisa deve indicar a previsão de seu início e fim. Além de determinar essas datas, organize todas as atividades-meio de forma rigorosamente planejada e executável. **Planeje tudo com senso de realidade**. Lembre-se: o tempo passa rápido, especialmente quando não o desejamos.

O cronograma deverá prever o tempo necessário para a consecução de cada etapa da pesquisa: para localizar o material; para ler; para fichar; para entrevistar; para colher dados estatísticos; para redigir cada parte da estrutura final do trabalho; para fazer as revisões recomendadas pelo orientador, se for o caso; para correção do português; para formatação (estética) do trabalho, e assim por diante.

Veja a seguir um modelo de cronograma sob a forma (opcional) de tabela:

mês / etapa	mar 2022	abr 2022	mai 2022	jun 2022	jul 2022	ago 2022	set 2022	out 2022	nov 2022	dez 2022	jan 2022	fev 2022	mar 2022	abr 2022
Defesa do projeto	X													
Leitura e fichamento		X	X	X	X									
1ª versão do texto						X	X	X						
Revisão									X	X				
Versão final do texto											X	X		
Apresentação do trabalho													X	
Defesa														X

3.1.15 Orçamento

O orçamento é um item ocasionalmente necessário no projeto de pesquisa. A exigência da apresentação da previsão orçamentária se deve geralmente à postulação de recursos ou bolsa para o financiamento da pesquisa ou, justamente, para justificar o seu recebimento dos órgãos de fomento. Por conseguinte, se esse for o seu caso, indique todos os custos de sua pesquisa, de aquisição de livros, material em geral, equipamentos, papel etc., até as eventuais viagens que poderá fazer para localizar/colher material ou dados.

Também a origem dos recursos deve ser apontada, sobretudo se provier de financiamentos institucionais públicos ou particulares, assim como de bolsa concedida por órgãos governamentais ou mesmo privados. O orçamento poderá ser apresentado sob a forma de uma tabela, com a devida especificação contábil de receitas e despesas.

3.1.16 Glossário

Nesta parte você deverá fornecer uma espécie de lista de categorias em que constem todas as definições, conceitos e termos em geral, cujo emprego durante a redação do resultado da pesquisa possa causar interpretações dúbias ou vagas. Todos os termos devem vir acompanhados de suas respectivas fontes, exceto se o desenvolvimento da categoria for de sua autoria.

Não se esqueça de que existem divergências profundas sobre determinadas concepções de uma mesma categoria. A pesquisa é uma atividade de precisão. Então, escolha os termos que se harmonizem com seus referenciais teóricos adotados ou estabeleça de antemão o(s) seus(s) próprio(s), quando necessário. Deixe sempre claro o sentido de cada termo relevante em seu trabalho. Exemplo: Estado, Democracia, Sociedade, Direito, Liberdade, Justiça etc.

Se você contemplar o alcance do sentido dos termos estratégicos empregados na Introdução e/ou no corpo do texto e/ou nas notas de rodapé ou de fim de capítulo ou parte, conforme eles forem aparecendo no texto, o Glossário não precisará ser elaborado em folhas separadas, salvo se a Instituição assim o exigir.

3.1.17 Referências preliminares

Também chamadas de *Referências provisórias* ou ainda *Referências principais*, é a relação de todas as obras já consultadas no momento da apresentação do seu projeto de pesquisa. Você poderá indicar também, em separado, a lista das referências (bibliográficas, documentais, videodocumentais etc.) de cuja existência e importância já tenha conhecimento mas a que ainda não teve acesso.

164

3.1.18 Apêndices e anexos

Se forem necessários, por último, apense no projeto de pesquisa os documentos (questionários, formulários etc.) que você utilizará para realizar seu trabalho (apêndices) e os documentos de apoio, de comprovação (jurisprudências, legislação etc.) necessários para a comprovação e/ou reforço de sua argumentação (anexos).

4 Estrutura final da pesquisa acadêmica

A apresentação final redigida (o relatório) da pesquisa é a peça fundamental que irá documentar o resultado de todo o seu esforço e, conforme o caso, ser submetida a uma banca examinadora. Vamos dar uma olhada na estrutura de monografias, dissertações e teses, a partir do apontamento de seus elementos básicos. Aqui você encontrará dicas, modelos e a descrição de cada elemento que deverá compor a apresentação final do trabalho, conforme a Associação Brasileira de Normas Técnicas – ABNT (NBR 14.724, de 2011; NBR 6.024, de 2012, e NBR 6.027, de 2013).

4.1 Estrutura final da pesquisa acadêmica

A seguir apresentamos os componentes elementares da pesquisa acadêmica conforme sua esfera de titulação: monografia, dissertação e tese.

4.1.1 Componentes da monografia

1) CAPA <obrigatória>;
2) LOMBADA <opcional>;
3) FOLHA DE ROSTO <obrigatória>;
4) ERRATA <se necessário/opcional>;
5) FOLHA DE APROVAÇÃO <obrigatória>;
6) DEDICATÓRIA <opcional>;
7) AGRADECIMENTOS <opcional>;
8) EPÍGRAFE <opcional>;
9) DECLARAÇÃO DE ISENÇÃO DE RESPONSABILIDADE <conforme exigência da Instituição>;
10) RESUMO NA LÍNGUA VERNÁCULA <obrigatório>;
11) RESUMO EM LÍNGUA ESTRANGEIRA <obrigatório (NBR 14.724/2011)>;
12) LISTA DE ILUSTRAÇÕES <opcional>;
13) LISTA DE TABELAS <opcional>;
14) LISTA DE ABREVIATURAS e SIGLAS <opcional>;
15) LISTA DE SÍMBOLOS <opcional>;
16) SUMÁRIO <obrigatório>;
17) INTRODUÇÃO <elemento textual obrigatório>;

18) SEÇÃO 1 <elemento textual>;

19) SEÇÃO 2 <elemento textual>;

20) SEÇÃO 3 <elemento textual>;

21) CONCLUSÃO <obrigatória>;

22) REFERÊNCIAS <obrigatórias>;

23) GLOSSÁRIO <se necessário/opcional>;

24) APÊNDICE(S) <se necessário/opcional>;

25) ANEXO(S) <se necessário/opcional>;

26) ÍNDICE(S) <se necessário/opcional>.

4.1.2 Componentes da dissertação

1) CAPA <obrigatória>;

2) LOMBADA <opcional>;

3) FOLHA DE ROSTO <obrigatória>;

4) ERRATA <se necessário/opcional>;

5) FOLHA DE APROVAÇÃO <obrigatória>;

6) DEDICATÓRIA <opcional>;

7) AGRADECIMENTO(S) <opcional>;

8) EPÍGRAFE <opcional>;

9) DECLARAÇÃO DE ISENÇÃO DE RESPONSABILI-DADE <conforme exigência da Instituição>;

10) RESUMO NA LÍNGUA VERNÁCULA <obrigatório>;

11) RESUMO EM LÍNGUA ESTRANGEIRA <obrigatório (NBR 14.724/2011)>;

12) LISTA DE ILUSTRAÇÕES <opcional>;

13) LISTA DE TABELAS <opcional>;

14) LISTA DE ABREVIATURAS e SIGLAS <opcional>;

15) LISTA DE SÍMBOLOS <opcional>;

16) SUMÁRIO <obrigatório>;

17) INTRODUÇÃO <elemento textual obrigatório>;

18) SEÇÃO 1 <elemento textual>;

19) SEÇÃO 2 <elemento textual>;

20) SEÇÃO 3 <elemento textual>;

21) SEÇÃO 4 <se necessário>;

22) CONCLUSÃO <obrigatória>;

23) REFERÊNCIAS <obrigatórias>;

24) GLOSSÁRIO <se necessário/opcional>;

25) APÊNDICE(S) <se necessário/opcional>;

26) ANEXO(S) <se necessário/opcional>;

27) ÍNDICE(S) <se necessário/opcional>.

4.1.3 Componentes da tese

1) CAPA <obrigatória>;

2) LOMBADA <opcional>;

3) FOLHA DE ROSTO <obrigatória>;

4) ERRATA <se necessário/opcional>;

5) FOLHA DE APROVAÇÃO <obrigatória>;
6) DEDICATÓRIA <opcional>;
7) AGRADECIMENTO(S) <opcional>;
8) EPÍGRAFE <opcional>;
9) DECLARAÇÃO DE ISENÇÃO DE RESPONSABILI-
DADE <conforme exigência da Instituição>;
10) RESUMO NA LÍNGUA VERNÁCULA <obrigatório>;
11) RESUMO EM LÍNGUA ESTRANGEIRA <obrigatório
(NBR 14.724/2011)/primeiro idioma>;
12) RESUMO EM LÍNGUA ESTRANGEIRA <obrigatório
(NBR 14.724/2011)/segundo idioma>;
13) LISTA DE ILUSTRAÇÕES <opcional>;
14) LISTA DE TABELAS <opcional>;
15) LISTA DE ABREVIATURAS e SIGLAS <opcional>;
16) LISTA DE SÍMBOLOS <opcional>;
17) SUMÁRIO <obrigatório>;
18) INTRODUÇÃO <elemento textual obrigatório>;
19) SEÇÃO 1 <elemento textual>;
20) SEÇÃO 2 <elemento textual>;
21) SEÇÃO 3 <elemento textual>;
22) SEÇÃO 4 <elemento textual>;
23) SEÇÃO "n" <opcional>;
24) CONCLUSÃO <obrigatória>;
25) REFERÊNCIAS <obrigatórias>;
26) GLOSSÁRIO <se necessário/opcional>;

27) APÊNDICE(S) <se necessário/opcional>;

28) ANEXO(S) <se necessário/opcional>;

29) ÍNDICE(S) <se necessário/opcional>.

4.2 Especificações de cada elemento

Vamos visitar esses elementos exigidos, um a um. Alguns estarão acompanhados de modelos. Lembre-se de que cada modalidade de pesquisa requisita determinados componentes específicos. Exemplo: além do resumo em português, na dissertação, basta um resumo em língua estrangeira; já na tese, os resumos devem ser apresentados em duas línguas estrangeiras e, na monografia, o resumo só será apresentado quando exigido pela Instituição.

4.2.1 Capa

A capa é a primeira folha do trabalho. Nela devemos incluir:

a) o nome da Instituição (opcional);

b) o nome do autor;

c) o título do trabalho;

d) o subtítulo (se houver);

e) a indicação do número de volumes (se houver mais de um e fazendo constar em cada capa respectiva);

f) o local (cidade-sede da Instituição); e

g) o ano (da entrega do trabalho, do depósito).

A versão definitiva de monografias, dissertações ou teses deve ser encadernada em revestimento preto ou de outra cor (se assim exigido), com os dizeres impressos em letras douradas ou em uma cor destacada. Essas são as especificações da ABNT (NBR 14.724/2011) que define *capa* como a "proteção externa do trabalho e sobre a qual se imprimem as informações indispensáveis à sua identificação". Todavia, recomendamos que você consulte a sua Instituição sobre o padrão eventualmente por ela adotado quanto a outros elementos exigidos para a capa.

Modelo de capa de monografia/dissertação/tese

papel A4

<NOME DA INSTITUIÇÃO>

<AUTOR>

<TÍTULO DO TRABALHO>
<SUBTÍTULO>

<NÚMERO DO VOLUME>

<Local>
<ano>

4.2.2 Lombada

A lombada é uma parte da capa localizada no dorso do trabalho encadernado e é um elemento cuja inclusão depende das exigências formais da Instituição que estiver na competência de certificação do grau do candidato ao título acadêmico em questão. A ABNT (NBR 14.724/2011) considera *lombada* a "parte da capa do trabalho que reúne as margens internas das folhas, sejam elas costuradas, grampeadas, coladas ou mantidas juntas de outra maneira".

Veja os seguintes itens da estrutura da lombada para um trabalho acadêmico conforme os requisitos da ABNT (NBR 12.225, de 2004, e NBR 14.724/2011):

a) **nome do autor:** impresso no mesmo sentido da longitudinal lombada, legível do alto para o pé, de forma a possibilitar a leitura quando o exemplar estiver disposto horizontalmente com a face para cima. No caso de mais de um autor, os nomes devem vir impressos separados por sinais de pontuação, ou por espaços, ou por algum tipo de sinal gráfico. Para nomes muito longos admite-se a abreviação ou mesmo a omissão de prenomes;

b) **título do trabalho:** impresso no mesmo sentido do nome do autor;

c) **número do volume, caso exista mais de um, ou outros elementos alfanuméricos identificadores:** são elementos impressos no mesmo sentido da lombada e devem tomar por base os conteúdos disponíveis naquele volume em que estiverem registrados. Os elementos alfanuméricos podem ser abreviados, se necessário, ou separados por sinais de pontuação, espaços ou sinais gráficos conforme a sua natureza.

Recomenda-se também a reserva de um espaço no pé da lombada destinado à colocação de dados de localização pela Biblioteca em que a obra, eventualmente, será depositada.

4.2.3 Folha de rosto

A folha de rosto vem logo em seguida à capa. Ela contém os elementos essenciais identificadores do trabalho:

a) a identificação do autor;

b) o título;

c) o subtítulo (se houver, deve ser evidenciada a sua subordinação ao título, precedido de dois-pontos);

d) o número do volume (se houver mais de um deve constar em cada volume);

e) nota indicando: a natureza acadêmica do trabalho (monografia, dissertação, tese); o objetivo (aprovação em disciplina, para obtenção de grau etc.); a identificação da unidade de ensino ou da Instituição e a sua área de concentração;

f) o nome do Professor Orientador e, se houver, do Professor Coorientador;

g) a cidade da Instituição; e

h) o ano da entrega do trabalho.

A ABNT (NBR 14.724/2011) passou a exigir a ficha catalográfica **no verso da folha de rosto**. Essa ficha é confeccionada com base no Código de Catalogação Anglo-Americano (CCAA2). Acreditamos, contudo, que as Instituições de Ensino Superior levarão ainda certo tempo para se adaptar a essa nova condição metodológica, em vista das dificuldades operacionais em se acessar o mencionado catálogo. Caso a sua Instituição já esteja exigindo o cumprimento desse requisito, a sugestão é buscar o auxílio de uma bibliotecária.

Modelo de folha de rosto de monografia

\<AUTOR\>

\<TÍTULO DO TRABALHO\>

Monografia submetida à \<Instituição\> para a obtenção do título de Especialista em \<...\>
Orientador: Professor Doutor \<nome\>

\<Local\>
\<ano\>

Modelo de folha de rosto de dissertação

\<AUTOR\>

\<TÍTULO DO TRABALHO\>

Dissertação submetida à \<Instituição\> para a obtenção do título de Mestre em Direito.
Orientador: Professor Doutor \<nome\>

\<Local\>
\<ano\>

Modelo de folha de rosto de tese

papel A4

<AUTOR>

<TÍTULO DO TRABALHO>

Tese submetida à <Instituição> para a obtenção do título de Doutor em Direito. Orientador: Professor Doutor <nome>

<Local>
<ano>

4.2.4 Errata

A errata deve ser incluída caso haja necessidade. Consiste em uma lista com o indicativo das folhas em que ocorreram erros, seguidos das devidas correções. Apresenta-se quase sempre em papel avulso ou encartado, acrescido ao trabalho depois de impresso. A errata deve ser inserida logo após a folha de rosto (NBR 14.724/2011). Os elementos da errata devem obedecer à seguinte disposição:

Folha	Linha	Onde se lê	Leia-se
10	20	constituição	constituinte
32	12	estado	Estado
56	07	educção	educação

Obviamente que, em sua versão final, após as alterações e contribuições sugeridas pela banca examinadora, o conteúdo da errata será incluído no texto pelo autor do trabalho.

4.2.5 Folha de aprovação

A folha de aprovação é o documento reservado para destacar a aprovação do trabalho e é incluída após a folha de rosto. Para monografias, dissertações e teses a folha de aprovação é obrigatória e deve conter os seguintes elementos (NBR 14.724/2011):

a) a identificação do autor do trabalho;

b) o título do trabalho por extenso e subtítulo (se houver);

c) natureza, objetivo, nome da Instituição a que o trabalho está sendo submetido e área de concentração;

d) o nome, a titulação, a assinatura e a sigla da Instituição de origem de cada membro componente da banca examinadora; e

e) o local e a data de aprovação.

O modelo que segue está de acordo com a NBR 14.724/2011. Todavia, não se esqueça de verificar se existe um modelo preestabelecido em sua Instituição para esse termo. Observe que a data da aprovação do trabalho e a assinatura dos membros participantes da banca examinadora são preenchidas somente após a aprovação do trabalho.

Modelo de folha de aprovação de monografia e dissertação

<AUTOR>

<TÍTULO>

Esta dissertação ou monografia foi julgada adequada para a obtenção do título de Mestre em Direito e aprovada em sua forma final pela Coordenação do Curso de Pós-Graduação em Direito da Universidade Federal de Santa Catarina, na área Direito, Estado e Sociedade.

Banca examinadora:

Presidente: Professor Doutor <nome; sigla institucional>

Membro: Professor Doutor <nome; sigla institucional>

Membro: Professor Doutor <nome; sigla institucional>

Coordenador do Curso: Professor Doutor <nome>

<Local e data de aprovação>

Modelo de folha de aprovação de tese

papel A4

<AUTOR>

<TÍTULO>

Esta tese foi julgada adequada para a obtenção do título de Doutor em Direito e aprovada em sua forma final pela Coordenação do Curso de Pós-Graduação em Direito da Universidade Federal de Santa Catarina, na área Filosofia do Direito.

Banca examinadora:

Presidente: Professor Doutor <nome; sigla institucional>

Membro: Professor Doutor <nome; sigla institucional>

Membro: Professor Doutor <nome; sigla institucional>

Membro: Professor Doutor <nome; sigla institucional>

Membro: Professor Doutor <nome; sigla institucional>

Coordenador do Curso: Professor Doutor <nome>

<Local e data de aprovação>

4.2.6 Dedicatória

A dedicatória é o espaço reservado ao autor para prestar suas eventuais homenagens ou dedicar o seu trabalho a alguém. É opcional e deve vir sempre em folha distinta. No caso de a monografia não prever folha de aprovação, ela virá logo após a folha de rosto.

Modelo de dedicatória (monografia/ dissertação/tese)

*Dedico este trabalho aos meus amigos
Pedro, José e Maria.*

4.2.7 Agradecimento(s)

Segundo a ABNT (NBR 14.724/2011), a folha de agradecimento(s) é o local onde o "autor faz agradecimentos dirigidos àqueles que contribuíram de maneira relevante à elaboração do trabalho".

A inclusão de agradecimento(s) é opcional e deve(m) ser apresentado(s) em folha distinta. Mas se você for elaborar esta peça, não se esqueça de agradecer às Instituições financiadoras da pesquisa, se for o seu caso.

4.2.8 Epígrafe

A epígrafe também é opcional. Serve para reforçar a justificativa geral do tema da pesquisa ou como ilustração. Lembre-se de mencionar a autoria do texto, mas dispense a citação completa das referências, as quais você indicará ao final junto com as demais utilizadas no trabalho.

Opcionalmente, podem ser incluídas epígrafes antecedendo cada seção em folha separada. Observe, contudo, uma padronização para manter a coerência e uniformidade de trabalho. Assim, se você atribuir epígrafes em uma seção, repita a mesma prática para as demais.

Modelo de epígrafe
(monografia/dissertação/tese)

papel A4

"Quanto mais direito, mais injustiça."
Thomas Morus

4.2.9 Declaração de isenção de responsabilidade

Trata-se de um termo em que o autor declara serem de sua responsabilidade as ideias, opiniões e ideologia defendidas no trabalho, isentando o Professor orientador, o Coorientador (se houver), a banca examinadora e a Instituição de ensino. Exemplo: "A aprovação da presente monografia, dissertação ou tese não significará o endosso do conteúdo por parte do Orientador, do Coorientador, da banca examinadora e da Instituição de ensino".

Modelo de declaração de isenção de responsabilidade (monografia/dissertação/tese)

papel A4

A aprovação da presente <monografia/dissertação/tese> não significará o endosso do Professor Orientador, da Banca Examinadora e da <Instituição> à ideologia que a fundamenta ou que nela é exposta.

4.2.10 Resumo em língua vernácula

Conforme a ABNT (NBR 14.724/2011), o resumo em português é obrigatório para monografias, dissertações e teses, e consiste na "apresentação concisa dos pontos relevantes de um texto". O resumo em língua vernácula deve ser capaz de proporcionar "uma visão rápida e clara do conteúdo e das conclusões" a que se chegou no trabalho. Assim, ele "constitui-se em uma sequência de frases concisas e objetivas e não de uma simples enumeração de tópicos". Logo abaixo do parágrafo contendo o resumo devem constar as palavras mais representativas do conteúdo do trabalho, ou seja, as palavras-chave e/ou os descritores da pesquisa.

A NBR 6.028/2021 dispõe sobre os critérios para a redação e a apresentação do resumo. Segundo esta última norma técnica da ABNT, este item do trabalho acadêmico deve ser capaz de esclarecer o objetivo, o método, os resultados e as conclusões da pesquisa. A ordem e a extensão de cada um desses pontos dependem do tratamento recebido por eles ao longo do texto.

A frase inicial do parágrafo único que constitui essa peça remete à temática central da pesquisa. A seguir é necessário indicar em que categoria se insere o trabalho, se monografia, estudo de caso, dissertação, ou tese.

A linguagem, segundo a ABNT, é empregada na terceira pessoa do singular com o verbo na voz ativa. Evitam-se simbologias gráficas, contrações e abreviaturas que não sejam de utilização correntemente difundida, fórmulas, equações, diagramas desnecessários, mas se forem imprescindíveis devem ser definidos logo em seu primeiro aparecimento.

A convenção da NBR 6.028/2021 é de que o resumo deve respeitar o limite mínimo de 150 palavras e o máximo de 500 palavras, isso tanto para monografias e dissertações como também para teses. Para artigos em periódicos entre 100 a 250 palavras. Tudo em um único parágrafo justificado e sem recuo da primeira linha, espaçamento entrelinhas simples e o mesmo tipo e tamanho de fonte escolhidos para o corpo do trabalho.

Logo abaixo do resumo são apresentadas as palavras-chave. Uma entrada – em novo parágrafo destacado do parágrafo contendo o texto do resumo e alinhado à margem esquerda, sem recuo de primeira linha e no formato justificado –, com a expressão "Palavras-chave:" é seguida das principais categorias identificadoras da pesquisa separadas por ponto. Observe que cada categoria escolhida como palavra-chave deve guardar uma boa relação de representação com os conteúdos do trabalho e pode ser recuperada da terminologia técnica administrada na área da pesquisa. Mas cuide sempre para que o total entre o título centralizado "Resumo", o parágrafo único contendo o texto e o parágrafo dispondo das palavras-chave não ultrapasse o limite de uma página.

4.2.11 Resumo(s) em língua(s) estrangeira(s)

Segundo a ABNT (NBR 14.724/2011), o resumo em língua estrangeira consiste no mesmo resumo em língua vernácula vertido para um idioma de divulgação internacional. Na tradução do resumo em português para outra língua também devem ser observados o limite de uma página e a mesma formatação indicada para o parágrafo único do resumo em português e para as palavras-chave. Não se esqueça de traduzir ainda o título Resumo para *Abstract*, por exemplo, caso a língua escolhida seja o inglês, ou *Résumé* para o francês, ou *Resumen* em espanhol etc.

A edição de 2011 da NBR 14.724 da ABNT incluiu a exigência do resumo em língua estrangeira também para os denominados *trabalhos acadêmicos similares*, como os TCCs etc., uma vez que dispôs sobre os elementos essenciais da estrutura da tese, dissertação ou de um trabalho acadêmico em termos amplos.

Dessa forma, as monografias anteriormente dispensavam o resumo em língua estrangeira, sendo obrigatório apenas aquele confeccionado em português, mas devem contemplá-lo obrigatoriamente segundo o novo entendimento da ABNT. A dissertação, contudo, exige, além do resumo em português, mais uma versão em língua estrangeira em páginas separadas. Os resumos da tese obedecem aos mesmos critérios formais fornecidos para a monografia e para a dissertação, com a diferença de que, neste caso, mais um resumo em uma segunda língua estrangeira deverá ser providenciado, sempre em páginas separadas: uma folha para o resumo em português e mais uma folha para o resumo traduzido em outra língua, totalizando três páginas de resumos na tese.

4.2.12 Lista de ilustrações

Esta lista deverá contemplar todo tipo de ilustrações contidas no decorrer do trabalho, tais como mapas, tabelas, quadros etc. Cada item deverá estar acompanhado do respectivo número da página. Você também pode organizar esses elementos em listas distintas: lista de gráficos; lista de quadros, de desenhos, de gravuras ou de imagens. Porém, essas ilustrações podem ainda estar agrupadas em uma só lista, independentemente do tipo, mas sempre de acordo com a ordem em que aparecerem no corpo do texto.

Modelo de lista de ilustrações para monografia/dissertação/tese

papel A4

LISTA DE ILUSTRAÇÕES

FIGURA 1 - <identificação da ilustração>....... <número da página>

FIGURA 2 - <identificação da ilustração>....... <número da página>

FIGURA 3 - <identificação da ilustração>....... <número da página>

FIGURA n - <identificação da ilustração>....... <número da página>

4.2.13 Lista de tabelas

A tabela é o "elemento demonstrativo de síntese que constitui uma unidade autônoma" (NBR 14.724/2011). A Lista de tabelas é um elemento opcional, mas sua apresentação deve observar a ordem sequencial em que as diversas tabelas aparecem ao longo do trabalho com o respectivo número da página. As tabelas contemplam informações que receberam tratamento estatístico e, além da ABNT, seguem a diretiva de confecção de 1993 do IBGE.

4.2.14 Listas de abreviaturas e siglas

Estas listas, quando necessárias, devem ser organizadas em separado uma das outras e apresentadas em folhas distintas. São frequentemente de utilização opcional, uma vez que o autor pode ir apresentando ao longo do texto as convenções que estabeleceu conforme vão aparecendo no trabalho.

A lista de abreviaturas é utilizada para convencionar com o leitor um sistema de referência de determinadas expressões recorrentes (exemplo: E. C. para Emenda Constitucional; ADIn para Ação Declaratória de Inconstitucionalidade etc.).

A lista de siglas serve ao mesmo propósito da anterior, mas agora são as siglas institucionais que são apresentadas de antemão ao leitor do trabalho (Exemplo: UFSC para Universidade Federal de Santa Catarina; STF para Supremo Tribunal Federal etc.), ou ainda de "vocábulos fundamentais de uma denominação ou título" (NBR 14.724/2011).

4.2.15 Lista de símbolos

O símbolo é um sinal que pode substituir o nome de uma coisa ou de uma ação na definição da ABNT.

A lista de símbolos convenciona os símbolos que eventualmente poderão aparecer no trabalho (Exemplo: @ para o símbolo arroba utilizado na internet; % para percentagem etc.).

Modelo de lista de abreviaturas para monografia/dissertação/tese

LISTA DE ABREVIATURAS

E.C. – Emenda Constitucional

ADIn – Ação Declaratória de Inconstitucionalidade

"n" – ...

Modelo de lista de siglas para monografia/dissertação/tese

papel A4

LISTA DE SIGLAS

UFSC – Universidade Federal de Santa Catarina

STF – Supremo Tribunal Federal

"n" – ...

Modelo de lista de símbolos para monografia/dissertação/tese

LISTA DE SÍMBOLOS

@ – arroba

% – percentagem

"n" – ...

4.2.16 Sumário

Segundo a ABNT (NBR 6.027/2012), o objetivo do Sumário é justamente possibilitar o mais fácil acesso às seções ou partes do trabalho e também propiciar uma boa visão geral de todo o conjunto. Por definição o Sumário se constitui em uma "enumeração das divisões, seções e outras partes" e deve respeitar a mesma formatação gráfica apresentada no corpo do texto. **NÃO** utilize outro termo como, por exemplo: *Índice*.

É no Sumário que você deverá apresentar a numeração das seções ou qualquer meio de organização interna que você tenha estabelecido, acompanhado do respectivo número da página. Preste atenção às chamadas das seções primárias, secundárias e assim sucessivamente, de forma hierárquica, tal como a numeração progressiva no corpo do texto (exemplo: 1; 1.1; 1.2; 1.3; 2; 2.1; 2.2; 2.2.1; 2.2.2; 2.3...), e também no mesmo formato gráfico. Após a indicação da seção não utilize ponto, hífen, travessão ou qualquer caractere: somente um espaço simples. Você encontrará essas orientações sobre numeração progressiva neste *Manual*, mais adiante, no tópico intitulado *Divisão interna do texto*, da próxima seção: *Indicativos gerais de formatação do trabalho*.

Observe que a palavra *Sumário* deve estar centralizada como um título ao alto e acompanhando a mesma formatação gráfica dos tipos de letras (fontes) empregados em

200

todos os demais títulos de seções primárias. O corpo do Sumário (cada indicativo de seção e subseção) deve estar alinhado à esquerda e os títulos das seções primárias devem estar destacados dos demais. Para isso, você poderá utilizar os recursos do negrito, itálico, grifo, caixa alta e outros, mas sempre com a mesma fonte empregada no corpo do texto. Para indicar o número da página a que se refere cada item você pode optar por indicar somente o número da primeira página em que o item aparece (exemplo: 32) ou, ainda, indicar as páginas inicial e final (separadas por hífen) entre as quais está disposto o conteúdo do item (exemplo: 54-59).

Havendo mais de um volume, o Sumário completo do trabalho deve constar em cada um deles. Além disso, perceba que ele é o último componente pré-textual, os demais elementos que o antecedem não constam do Sumário, que deverá, portanto, ser imediatamente seguido da Introdução.

Modelo de Sumário para monografia/

dissertação/tese

papel A4

SUMÁRIO

INTRODUÇÃO................................... \<número da página\>

1 \<Título da seção\>........................... \<número da página\>

1.1 \<Título da seção secundária\>.......... \<número da página\>

1.2 \<Título da seção secundária\>.......... \<número da página\>

1.3 \<Título da seção secundária\>.......... \<número da página\>

1.4 \<Título da seção secundária\>.......... \<número da página\>

2 \<Título da seção\>........................... \<número da página\>

2.1 \<Título da seção secundária\>.......... \<número da página\>

2.2 \<Título da seção secundária\>.......... \<número da página\>

2.3 \<Título da seção secundária\>.......... \<número da página\>

2.4 \<Título da seção secundária\>.......... \<número da página\>

3 \<Título da seção\>........................... \<número da página\>

3.1 \<Título da seção secundária\>.......... \<número da página\>

3.2 \<Título da seção secundária\>.......... \<número da página\>

3.3 \<Título da seção secundária\>.......... \<número da página\>

3.4 \<Título da seção secundária\>.......... \<número da página\>

CONCLUSÃO.................................. \<número da página\>

REFERÊNCIAS............................... \<número da página\>

GLOSSÁRIO................................... \<número da página\>

APÊNDICE(S)................................. \<número da página\>

ANEXO(S)...................................... \<número da página\>

ÍNDICE(S)...................................... \<número da página\>

4.2.17 Introdução

A Introdução ao trabalho (primeiro elemento textual) deve cumprir certos requisitos: recuperar os elementos do projeto, tais como tema, delimitação do tema, problemas, objetivos, hipóteses mais importantes, metodologia empregada, justificativa da pesquisa e outros elementos necessários para situar o trabalho, mas tudo isso sob a forma de um texto argumentativo e elegante.

A Introdução deve apresentar ao leitor o que se seguirá, sem oferecer elementos conclusivos antecipados. Use os verbos no futuro (exemplo: "Neste trabalho serão abordados os principais aspectos envolvidos no...") , não se esqueça de que para o leitor o texto está principiando. Não faça citações na Introdução – a argumentação fundamentada faz parte do corpo de seu trabalho –, exceção feita apenas para algum tipo de ilustração ou floreio mais descomprometido com a base central da pesquisa. Além de dar uma ideia geral de sua pesquisa, sem anunciar jamais de antemão suas observações definitivas sobre ela, a Introdução deve apresentar cada seção do trabalho individualmente (exemplo: "A primeira seção tratará...; na segunda seção será tratada a questão do..."; e assim por diante).

Para que você tenha um referencial razoável para a organização da redação do trabalho, a Introdução deve procurar dispor de, pelo menos, 6% de páginas escritas em relação ao resultado total de páginas das seções da pesquisa.

4.2.18 Corpo do texto

No corpo do texto você desenvolverá a exposição de sua pesquisa, tal como planejado. Não se esqueça de que esta é a principal parte do seu trabalho e que deve conter a exposição do tema de forma clara e coerente. A quantidade de seções e subseções será determinada pelo enfoque dado ao tema, o método e o estilo adotados.

Atente para a importância de dividir o texto preservando a coerência entre as etapas sucessivas e de tal forma que não fique com seções e subseções excessivamente extensas, nem demasiadamente curtas. O mesmo vale para a divisão interna de cada seção primária, secundária, terciária etc. Deve haver certa proporcionalidade didática entre os elementos textuais como resultado final e entre as próprias seções entre si. Use termos impessoais. Nunca diga: "eu verifiquei...", ou "nós verificamos assim e tal", mas "verifica-se que...".

4.2.19 Conclusão

Conforme a NBR 14.724/2011 da ABNT, monografias, dissertações, teses e demais trabalhos acadêmicos devem apresentar a *Conclusão*. Trata-se da parte final do texto na qual os objetivos e as hipóteses são corroborados. Assim, não mais se utiliza a expressão *Considerações Finais* na redação final dos trabalhos de mestrado, especialização e outros.

Na Conclusão você deve recuperar o trabalho reconstruindo os assuntos abordados em um todo coerente e sintético. Nesta parte você deve apresentar suas considerações referentes aos objetivos ou hipóteses traçadas para o trabalho, podendo resumir brevemente o que foi tratado em cada seção. Use o verbo no passado (exemplo: "Na primeira seção, pôde-se constatar que a sonegação fiscal é um problema..."). Amarre todo o seu pensamento e as contribuições que você acredita ter dado com sua pesquisa para o estudo do tema. Mas não formule novos argumentos, nem introduza informações novas, uma vez que não foram apresentados no corpo do texto. Somente rearticule o que já foi dito. Na Conclusão, portanto, assim como na Introdução, não há lugar para citações, exceto para as meramente ilustrativas.

No caso do doutoramento, a Conclusão deverá contemplar, além dos elementos básicos acima mencionados para a dissertação ou para a monografia, as observações conclusivas sobre a tese. É nesse momento que o candidato ao título de doutor irá consolidar definitivamente sua condição de pesquisador maduro, dando ampla sustentação à tese construída ao longo de seu trabalho.

Alguns doutorandos, por questão de estilo ou por exigência institucional, apresentam suas conclusões sob a forma de *consolidados*. Este modelo apresenta articuladamente as conclusões secundárias e a seguir a conclusão principal ao longo dessa parte final do trabalho.

4.2.20 Referências (NBR 14.724/2011)

Aqui principia a apresentação dos elementos pós-textuais de seu trabalho. Você oferecerá a lista de documentos consultados e **efetivamente** utilizados, conforme as diretivas da ABNT. Essas regras nós veremos mais adiante.

As Referências consistem em um conjunto padronizado de elementos descritivos retirados de um documento que permitem sua identificação. Cada fonte consultada e mencionada no trabalho constitui uma referência.

4.2.21 Glossário

A inclusão do Glossário em seu trabalho é geralmente opcional. O Glossário vem a ser uma lista organizada alfabeticamente das palavras ou expressões técnicas utilizadas no texto (categorias), cujo emprego seja de ordem restrita ou ainda de sentido obscuro e acompanhadas das respectivas definições (NBR 14.724/2011).

No Glossário você deverá esclarecer o leitor sobre o significado e alcance dos termos estratégicos que utilizou, tal como no projeto de pesquisa. Esse componente deve ser utilizado quando no corpo do texto você não ofereceu ao seu leitor o significado dos termos empregados.

O Glossário em questão poderá ser montado a partir de conceitos próprios do autor ou de autores e de dicionários especializados disponíveis. Em qualquer caso, assegure-se de que o conceito adotado guarde relação de uniformidade e harmonia com os significados dos demais conceitos, e que o conjunto categorial seja efetivamente adotado no decorrer do trabalho com o sentido exato ali precisado.

4.2.22 Apêndice(s)

Os apêndices são os textos elaborados pelo autor do trabalho, a fim de complementar e comprovar as bases de sua argumentação, como, por exemplo: questionários, ofícios encaminhados aos entrevistados etc. Os apêndices devem ser identificados por letras maiúsculas, travessão e pelos respectivos títulos. O objetivo é a complementação da linha argumentativa sem prejuízo da unidade nuclear do texto.

Exemplo:

<APÊNDICE A – Interpretação do art. 5º da Lei n. 5.678/85>

<APÊNDICE B – Interpretação do art. 9º da Lei n. 4.567/95>

No caso do esgotamento das letras do alfabeto, é permitido dobrar as letras maiúsculas.

4.2.23 Anexo(s)

Os anexos consistem em material não elaborado pelo autor da pesquisa. São necessários tanto para fundamentação, ilustração ou comprovação dos dados e informações apresentadas, quanto para facilitar a compreensão do leitor.

Não coloque aqui a fotocópia das obras, mas, sim, das jurisprudências, a reprodução de documentos oficiais, as legislações estrangeiras ou internacionais, os projetos de lei, as legislações **já revogadas** e outros elementos que sofreram **relevante e expressa referência no texto**. Veja bem, não há necessidade de anexar uma lei em vigor!

Não vale anexar grande quantidade de material improfícuo apenas para aumentar o número de páginas de um trabalho "magrinho". Use seu discernimento e senso de responsabilidade. Os anexos são identificados por letras maiúsculas, travessão e pelos respectivos títulos.

Exemplo:

<ANEXO A – Proposta de Emenda Constitucional n. 60/2001>

<ANEXO B – Proposta de Emenda Constitucional n. 100/2002>

4.2.24 Índice(s)

O Índice é uma lista de informações empregadas em seu trabalho, sendo estas palavras ou frases. Trata-se de mais um elemento útil na facilitação do acesso aos autores (onomástico), aos assuntos (analítico) etc., mencionando cada página respectiva de seu aparecimento, todavia é opcional. Não confunda *Índice* com *Sumário* – enumeração das divisões do texto –, ou com *Lista* – enumeração de componentes especiais do trabalho como tabelas, gráficos e outros. O Índice é um elemento opcional ou eventualmente requisitado por algumas instituições de ensino.

A elaboração de índices deve obedecer à NBR 6.034, de dezembro de 2004, da ABNT. Esta última norma técnica é dirigida à preparação de índice de publicações; contudo, serve como referencial para a montagem de índices em trabalhos acadêmicos.

Um Índice é composto de várias entradas, que são suas unidades. Uma *entrada* é composta de um *cabeçalho*, que é o termo ou símbolo relevante presente e/ou recorrente no trabalho, e do *indicativo*, que é a remissão utilizada na sua localização no trabalho.

Dessa forma, um cabeçalho pode ser simples, quando apresenta um só termo, como, por exemplo, *ação*, ou composto, quando mostra uma expressão como *ação declaratória de constitucionalidade*. O cabeçalho pode comportar também um *subcabeçalho* para exercer a tarefa de uma melhor especificação. Exemplo: para o cabeçalho *ação*, os subcabeçalhos: civil pública; declaratória de constitucionalidade; direta de inconstitucionalidade; indenizatória; popular. Observe, contudo, que os termos extraídos ou baseados no texto para os cabeçalhos devem ser específicos, precisos e uniformes, por isso evite adjetivos, conjunções e artigos no início de cada cabeçalho. Padronize a apresentação dos termos no singular ou no plural. Mas, se você perceber que o número de subcabeçalhos é demasiado, de forma a prejudicar a consulta, reorganize-os em novos cabeçalhos e empregue referências cruzadas como se verá mais adiante. Evite artigos e conjunções no início do cabeçalho.

Os indicativos são oferecidos em forma de número de página, de seção, de parágrafo ou de qualquer outra indicação possível no corpo do trabalho. Após o cabeçalho ou subcabeçalho as páginas ou as seções de localização devem estar indicadas de forma consecutiva, ligadas por hífen (exemplo: 10-15 ou 3.1.4-3.1.8), ou de forma salteada, indicadas por vírgula (exemplo: 10, 15, 17, 22, 56 ou 2.1.5, 2.1.6, 2.3.4, 4.5.2). Em mais de um volume ou parte, o número da página ou da seção deverá ser antecedido pelo número do respectivo volume ou parte. Entre os cabeçalhos ou subcabeçalhos e seus indicativos apenas coloque uma vírgula.

Além disso, as referências podem ser cruzadas; neste caso, empregam-se em destaque (negrito, sublinhado, itálico ou outro) as expressões *ver também* ou *ver* para remeter de um cabeçalho para outro cabeçalho ou subcabeçalho e vice-versa. A remissiva *ver* é a referência que remete diretamente para outro cabeçalho ou subcabeçalho e, dessa forma, esvazia a possibilidade de consulta no cabeçalho ou subcabeçalho de origem. A utilização da remissiva *ver também* apenas permite estender as opções de busca para cabeçalhos cujos objetos sejam pertinentes, de modo a permitir ampliar a possibilidade de consulta. Nas remissivas procure contemplar os possíveis sinônimos do cabeçalho escolhido; os termos populares que em seu texto são apresentados na versão terminológica científica; os termos mais antigos ou em desuso que tenham recebido de você uma colocação mais atual e também as siglas empregadas no texto. No caso de nomes próprios, padronize a forma mais conhecida como cabeçalho e faça remissão das formas alternativas que por acaso venham a existir. Prefira, contudo, empregar a chamada pelo sobrenome, seguido de vírgulas, e então os prenomes.

A ordenação do Índice pode obedecer a cinco critérios, o alfabético, o sistemático, o cronológico, o numérico e o alfanumérico. Na ordenação alfabética as entradas são dispostas em sequência alfabética da letra *A* até a letra *Z*. Nesse caso, recomenda-se indicar as letras iniciais ou a primeira e a última entrada da página no canto superior externo desta. Na opção sistemática, menos frequente, as entradas podem ser organizadas por classes. Da mesma forma o Índice por ordem cronológica, numérica ou alfanumérica. É permitida a utilização associada da ordenação alfabética no cabeçalho e outras ordens para subcabeçalhos.

O Índice pode ser geral quando organiza ao mesmo tempo várias modalidades diferenciadas de elementos, como autores, assuntos etc. A ABNT aconselha a aglutinação dos Índices de autor e de assunto em um só. Procure estabelecer uma diferenciação gráfica para as entradas de cada categoria de elemento. Todavia, Índices especiais podem ser organizados para cada elemento eleito como categoria organizadora. Neste caso, o Índice pode ser organizado por autor; assunto; títulos; pessoa e entidade; nome geográfico; citações; anunciante e matéria publicitária.

O Índice deve ter um título que expresse seu conteúdo ou função: Índice analítico; Índice onomástico; Índice cronológico etc. Cada elemento é, então, sistematizado na forma de *cabeçalho*, que, acompanhado do respectivo *indicativo de localização* no trabalho, compõe a mencionada *entrada*.

Cuide para que o Índice contemple todas as informações presentes no texto e todas as vezes que aparecerem, incluindo o Prefácio, a Introdução, as notas de rodapé, os Anexos e os Apêndices. Deixe preferencialmente de fora apenas os dados da Folha de rosto, da Dedicatória, do Sumário e do(s) Resumo(s).

Na formatação dos parágrafos as entradas ocupam linhas separadas. Os cabeçalhos devem estar apresentados à esquerda, com recuo progressivo à direita para os subcabeçalhos. Se você perceber que as subdivisões de um cabeçalho se estendem de uma página ou coluna para outra, repita o último subcabeçalho e escreva a palavra *continuação* entre aspas ou em itálico, de forma extensiva ou abreviada. No momento de paginar o trabalho, o Índice é também numerado e recebe a numeração consecutiva ao restante do texto que lhe é anterior. Para que você tenha uma ideia, veja a seguir um modelo de Índice analítico.

Modelo de índice analítico

Índice analítico

A

Ação
civil pública, 34-36, 42, 54, 75
declaratória de constitucionalidade, 22-24, 65
popular, 37-38, 54
regressiva, 15, 18, 29, 47
Adjudicação, 42-44
Administração pública, 42-54
descentralização, 45
descontração, 46
dos bens públicos, 29
estadual, 44
municipal, 46
natureza jurídica, 52
poder regulamentar, 53
servidores, 51
Agências reguladoras, 67-72, 86, 94

B

Bens públicos, 77
Biodiversidade, 98

C

Capacidade
jurídica, 56
trabalhista, 58
Cargo público, 67-72, 88, 94-95, 104
Concorrência
internacional, 76
procedimento, 79
requisitos, 81

D

Dano moral, 85
Defesa civil, 93
Deliberações
conceito, 34
tipos, 35

4.3 O problema do número de páginas e a bricolagem

Há que se lembrar que Einstein escrevia suas teses em uma folha, mas até hoje farto material é produzido sobre elas. É evidente que o importante é a qualidade, mas não se pode olvidar a coerência de um patamar mínimo de material redigido, caso contrário será muito difícil acreditar que uma tese, uma dissertação ou uma monografia possa ser levada a cabo, com sua Introdução, Desenvolvimento (conteúdo) e Conclusão, incluindo a revisão bibliográfica, a colocação do problema e toda a análise crítica das fontes consultadas, em muito menos páginas que o mínimo frequentemente convencionado para efeitos acadêmicos em Direito.

Existem verdadeiras preciosidades no mundo científico e acadêmico elaboradas em pequenos trabalhos, como também grandes obras da literatura mundial em poucas páginas. Então, saiba que se o resultado de sua pesquisa, na área jurídica, for apresentado de forma muito enxuta é bom que seja uma dessas "preciosidades geniais".

Por outro lado, a qualidade de uma pesquisa pode ser verificada na abordagem reflexiva do autor e também na qualidade da seleção das fontes consultadas, jamais na quantidade de páginas que compõem o relatório final da investigação, principalmente em se tratando de pesquisa bibliográfica.

Por fim, vale lembrar que em qualquer das modalidades de pesquisa estamos sempre escrevendo para outras pessoas; assim devemos sempre tomar o cuidado de elencar todas as informações, dados e conceitos que possam ajudar na melhor compreensão do trabalho. Dica: é comum bancas questionarem tanto a pouca quantidade de páginas em pesquisas acadêmicas quanto a quantidade demasiada; por outro lado, é muito difícil que um trabalho com bom volume de páginas e honesto em seu conteúdo não seja bem recebido pela banca, pelo menos a título de esforço de pesquisa.

Obviamente devemos atentar para não incluir no interior do relatório algumas "receitas de bolo". Neste caso, fique atento, pois **sempre** alguém fará uma leitura muito pormenorizada de seu trabalho.

Agora, veja o seguinte:

Atenção! Perigo!

Cuidado com a bricolagem!

A bricolagem é um tipo de "pesquisa" (é pesquisa entre aspas mesmo, porque não é pesquisa, é fichamento) muito frequente em qualquer nível acadêmico. O aluno se empolga com suas fichas de leitura e as transcreve no trabalho final, como se uma pesquisa fosse uma mera justaposição de citações e resumos de ideias de autores, ou de dados, estatísticas ou de um processo, sem qualquer compromisso analítico ou reflexivo.

O mesmo serve para aquelas infindáveis jurisprudências (ementários etc.) lançadas no corpo do trabalho e abandonadas a sua própria sorte, órfãs de qualquer comentário ou justificativa de sua apresentação na redação final da pesquisa. A bricolagem de jurisprudência é, com certeza, a mais lamentável de todas, uma vez que não é pesquisa, mas compilação!

4.4 O estilo da linguagem

Nunca é demais lembrar que o autor da pesquisa deve respeitar a linguagem acadêmica. Todavia, o uso da fala acadêmica não importa em academicismo, ou seja, a utilização meramente retórica de recursos linguísticos tendo como objetivo único a promoção individual do redator do texto em suas fantasias de vaidade. A linguagem deve ser clara e rigorosa no emprego tanto da gramática quanto da terminologia técnica e categorial. Evite expressões pobres como "o saudoso, eminente, insigne, grandioso fulano de tal" ou ainda a célebre e desgastada "como pontifica o brilhante Pontes de Miranda".

Se você já for um profissional da área jurídica, tome cuidado para não transferir para a fala acadêmica os usos, vícios linguísticos e de argumentação normalmente associados à tribuna. Lembre-se sempre de que se trata de um discurso voltado para o convencimento, em última análise, da própria comunidade acadêmica e não um texto calcado na função persuasiva da linguagem.

Além disso, atenção para o discurso panfletário e sua verve característica. Toda enunciação de uma crítica pressupõe árduo esforço de embasamento das referências e métodos adotados. Trabalhos potencialmente muito bons são frequentemente prejudicados pela inobservância do princípio da humildade científica e acadêmica.

5 Indicativos gerais de formatação do trabalho

Os indicativos formais de apresentação de trabalhos acadêmicos que se seguem aplicam-se a qualquer modalidade de resultado de pesquisa acadêmica. Estamos assumindo que você utiliza o editor de texto *Word* da *Microsoft* (*Office*) em qualquer de suas versões.

Uma observação relevante a ser feita: não utilize publicações de editoras como referencial metodológico. Razões do mercado editorial acabam determinando padrões diferentes de formatação e de parâmetros metodológicos como citações, referências, notas de rodapé, a utilização do "Ob. cit.", Índice, Índice Analítico, Índice Onomástico e assim por diante. Este próprio *Manual* não utiliza a linguagem acadêmica, uma vez que se destina a ser material didático de pesquisa e não uma pesquisa em si mesma; daí algumas licenças como chamar o leitor de *você* e falarmos na primeira pessoa do plural: *nós*.

218

Use papel branco A4 (21 cm x 29,7 cm) e encaderne o resultado provisório em espiral para, depois de aprovado, ser encadernado em capa dura preta e letras douradas. Afinal, você mereceu, se chegou até aqui. Alguns Cursos de Direito exigem a primeira versão do trabalho já em capa dura. A cor da capa também pode, ocasionalmente, não ser preta, tal como a capa vermelha utilizada na Universidade Federal de Minas Gerais (UFMG).

Como a versão final (e, eventualmente, a provisória) do trabalho é apresentada em capa dura, considere a necessidade de transferir certas informações importantes para a lombada, como já visto.

Cerca de 30 linhas por página é o suficiente. A quantidade de linhas certamente será maior ou menor em função da existência e das dimensões das notas de rodapé.

Em geral, as indicações que se seguem são amplamente aceitas, mas nunca se esqueça de sempre buscar informações sobre exigências metodológicas, inclusive de formatação, na Instituição a que você está vinculado. As diretivas que aqui oferecemos são simples indicativos de uniformização de formatação dos trabalhos acadêmicos em geral, a maior parte extraídos da ABNT.

5.1 Formatação geral do trabalho

Observe a seguinte forma de apresentação:

5.1.1 Paginação

Conforme a NBR 14.724/2011, todas as folhas do trabalho, a partir da folha de rosto, devem ser contadas. A numeração, no entanto, deve ser colocada somente a partir da parte textual, em algarismos arábicos, no canto superior direito da folha, a 2 (dois) centímetros da borda superior, ficando o último algarismo a 2 (dois) centímetros da borda direita da folha. Em se tratando de trabalho com mais de um volume, deve ser mantida uma única sequência de numeração das folhas, do primeiro ao último volume. As folhas com apêndices, anexos ou índices devem ser numeradas de maneira contínua, e sua paginação deve dar seguimento à do texto principal.

5.1.2 Fonte

A ABNT não determina o tipo de letra (fonte) a ser empregado em trabalhos acadêmicos, entretanto algumas Instituições vinculadas à pesquisa no Direito têm frequentemente adotado como fonte padrão a *Times New Roman*. Mas o tamanho 12 para o texto e o tamanho 11 para as notas de rodapé, citações longas de mais de 3 linhas em destaque, legendas e para paginação são requisitos explícitos nas normas técnicas oficiais. A cor da fonte é preta; cores são admitidas somente em Ilustrações.

A partir dessas dimensões de letra, você pode equacionar o tamanho de uma outra fonte de sua preferência estética, de modo a dimensioná-la com o padrão, para não aumentar ou diminuir demais o texto. Mas verifique antes na Instituição a que está vinculado se outra fonte é aceita! Um cuidado se faz necessário, a título de não imprimir ao seu trabalho uma feição de excessiva informalidade que poderia levar algum leitor a identificá-la com ausência de seriedade: evite a escolha por modelos de fontes (letras) em estilo cursivo que imitem a grafia feita à mão, aquelas utilizadas em desenhos gráficos e histórias em quadrinho e semelhantes.

5.1.3 Margens

Quando configurar a página, utilize 3 (três) centímetros para a margem superior; 2 (dois) centímetros para a margem inferior, 3 (três) centímetros para margem esquerda e 2 (dois) centímetros para a margem direita. A encadernação em espiral ocupa um pouco o espaço da margem esquerda, então você pode, opcionalmente, acrescentar 5 (cinco) milímetros na medianiz. Evidentemente que tudo isso no formato *retrato*, isto é, com as folhas dispostas na vertical.

5.1.4 Divisão interna do texto

O conteúdo de seu trabalho deve ser apresentado sob a forma de uma interação lógica e ordenada dos assuntos abordados e que possa também facilitar a sua localização no texto. Na elaboração dessa divisão interna do relatório final de sua pesquisa, é necessária a observância do **sistema de numeração progressiva** das seções de um documento escrito estabelecido pela ABNT (NBR 6.024/2012).

Seção é o nome que recebe cada parte componente da divisão interna de seu trabalho e deverá ter seu título precedido por um indicativo numérico. Em uma seção serão desenvolvidas as temáticas afins dentro de uma lógica de articulação de raciocínio de todo o texto. As divisões principais do trabalho são denominadas *seções primárias* – o que se entendia anteriormente por *capítulos*. Assim, se normalmente uma dissertação de mestrado pode ser composta por 3 ou 4 seções primárias, uma tese de doutorado geralmente vem organizada em pelo menos 4 seções primárias ou mais.

Cada seção primária, por sua vez, deverá atender a mesma intenção de ordenação interna e coerente do texto e se subdividir em outras tantas partes, chamadas *seções secundárias* (exemplo: 1.1; 1.2; 1.3). Uma seção secundária poderá, contudo, demandar novas subdivisões e então teremos as *seções terciárias* (exemplo: 1.1.1; 1.1.2; 1.1.3) e assim por diante até o limite das *seções quinárias*.

Observe que cada seção do trabalho deve obrigatoriamente contemplar um texto a ela pertinente. Então, não vá promovendo divisões de seções sucessivamente sem que entre os títulos exista um trecho escrito de seu trabalho sobre o assunto referenciado no título de cada seção.

Os títulos de cada seção são sempre alinhados à margem esquerda, sem recuos, e devem ser destacados em relação ao texto mediante a utilização de recursos gráficos como negrito, itálico, caixa alta, diferença de tamanho da fonte etc. e serão precedidos do indicativo numérico da seção (primária, secundária, terciária, quaternária, quinária) mais um espaço (um caractere em branco). O texto respectivo à seção será sempre iniciado em outra linha. Se a fonte empregada assumir tamanho mais destacado em relação à do texto, caso em que o estilo da arte aplicada à formatação do trabalho é de responsabilidade do autor, deverá, contudo, obedecer sempre aos mesmos critérios. Exemplo: se o título da seção 1 está escrito em tamanho 16 e em negrito, obedeça à mesma formatação para todos os outros títulos de seções do trabalho. No caso de títulos sem indicativos numéricos, como nos resumos, listas em geral, Referências e outros, eles devem vir centralizados.

No caso das seções secundárias, terciárias, quaternárias e quinárias de cada seção primária, da mesma forma, estabeleça uma convenção visual e seja fiel a ela até o final do texto. Não se esqueça de apresentá-las em página exclusiva, ou seja, abra sempre uma nova página para iniciar uma seção primária.

A numeração progressiva parte sempre do número de cada seção primária. As seções primárias receberam indicativos numéricos inteiros, contados a partir do número 1 seguido de um espaço e o título (exemplo: **1 AS ORIGENS MEDIEVAIS DO DIREITO COMUM**). O indicativo numérico da seção secundária recebe o número da seção primária a que pertence, um ponto, o número de sua sequência no assunto e o título (exemplo: **1.3 O dogma universalístico da unidade do Direito**). Esse sistema se repetirá até a última seção. Contudo, o ponto não é pronunciado na leitura oral. Para 1.3.1, deve se ler: um três um. Cuide para que após o indicativo numérico de cada seção somente um espaço anteceda seu título respectivo; portanto, não empregue qualquer sinal, como ponto, hífen, travessão ou qualquer outro caractere. Durante o curso do texto pode ser necessário realizar uma referência a outra passagem do próprio trabalho; esta remissão pode ser feita da seguinte maneira: "... na seção 2..."; "... ver 2.1.1".

Quando for conveniente subdividir qualquer seção, da primária à quinária, e não houver um título, esta fragmentação é feita sob a forma de *alíneas*. Uma alínea é indicada por uma letra minúscula, seguida de um parêntese e deverá respeitar a ordem alfabética. O texto que se segue ao indicativo alfabético da alínea é iniciado com letras minúsculas.

O trecho final do parágrafo do corpo do texto que antecede a alínea e ao qual ela se refere termina em dois-pontos, após os quais cada alínea é apresentada em novo parágrafo reentrado em relação à margem esquerda. Em cada parágrafo destinado a uma alínea, a segunda linha e as demais iniciam ajustadas sob a primeira letra de seu próprio texto.

Há situações em que as alíneas são compostas de enunciados cumulativos e alternativos; nesses casos, após a penúltima alínea pode ser acrescentado e/ou, conforme o caso. E todas elas, salvo a última, terminam com um ponto e vírgula.

Da mesma forma, uma alínea pode ser compartimentada em *subalíneas* que são precedidas de um hífen mais um espaço. O hífen é ajustado sob a primeira letra do texto da alínea a que elas pertencem e também se inicia o texto correspondente logo a seguir por letras minúsculas. Da segunda subalínea em diante o texto é ajustado sob o início da primeira letra do texto da subalínea anterior e termina em vírgula.

Exemplo para o título da seção 1 e para suas respectivas subdivisões:

1 Teoria da Ação

1.1 Histórico

1.1.1 Conceito de ação no Direito Romano

1.1.1.1 [...]

1.1.1.2 [...]

1.1.1.2.1 [...]

1.1.1.2.2 [...]

1.1.2 Experiência canônica medieval

1.1.3 [...]

1.2 Fundamentos teóricos

1.2.1 [...]

1.2.2 [...]

1.2.3 [...]

1.3 Insuficiências atuais

1.3.1 [...]

1.3.2 [...]

1.3.3 [...]

5.2 Formatação de parágrafos

Os indicativos que se seguem servem para ser aplicados aos **parágrafos normais** cujo conteúdo se refere ao desenvolvimento do texto do trabalho propriamente dito.

5.2.1 Alinhamento

Para o corpo do texto, utilize o alinhamento justificado, com recuo da primeira linha de cada parágrafo. Nos demais casos o alinhamento dependerá do que se trata: a) se título sem numeração como errata, agradecimentos, lista de ilustrações, lista de abreviaturas e siglas, lista de símbolos, resumos, sumário, referências, glossário, apêndice(s), anexo(s) e índice(s), o alinhamento será centralizado; b) se citação direta de mais de três linhas, alinhamento justificado, recuado em relação à margem esquerda 4 cm e sem recuo da primeira linha; c) se nota de rodapé, justificado e sem recuo da primeira linha; d) a nota na Folha de Rosto contendo a natureza do trabalho, objetivo, nome da Instituição e área de concentração deve ser alinhada a partir do meio da mancha para a margem direita, justificada e sem recuo da primeira linha.

5.2.2 Recuo especial da primeira linha

Ficará a seu gosto a medida do recuo da

primeira linha do parágrafo normal de texto, mas é recomendável recuar entre 1,27 cm a 5 cm, no máximo. Não confunda a formatação de textos jornalísticos e literários com a apresentação da pesquisa acadêmica. Jamais deixe sem recuo de primeira linha os parágrafos normais de texto.

5.2.3 Espaçamento entre parágrafos e entrelinhas

Ajuste o espaçamento entre parágrafos para 6pt em ambos os casos (para antes e depois do parágrafo), se você estiver utilizando o *Word*. Para o espaçamento entrelinhas o certo é 1,5 (*Word*), que corresponde ao antigo espaço duplo da máquina de escrever. Não use o espaço duplo do editor de texto da *Microsoft* porque ficará demasiadamente grande! Além disso, procure reservar maior espaço entre os títulos/subtítulos e os textos que os seguem.

As citações longas, as notas de rodapé, as referências, as legendas, as ilustrações, as tabelas, a ficha catalográfica e o(s) resumo(s) devem ser digitados em espaço de entrelinhas simples.

5.2.4 Parágrafos de citações diretas

Quando as citações diretas atingirem mais de três linhas no corpo do parágrafo normal, transfira-as para um parágrafo recuado em separado sem aspas e com fonte 1 (um) ponto menor do que a do texto padrão, como seria o tamanho 11pt para *Times New Roman* na nota de rodapé, enquanto no parágrafo normal ficaria em 12pt. Nesse caso, o alinhamento continua justificado, mas recuado em relação à margem esquerda. A dimensão desse recuo deve obedecer a 4 cm em relação à margem esquerda, e não haverá recuo da primeira linha. Da mesma forma, o espaçamento entrelinhas deve ser reduzido para 1,0 linha (simples). Mas, em relação ao espaçamento entre o parágrafo anterior e o posterior, procure distanciá-lo um pouco mais, de forma a ficar com uma apresentação visual não poluída.

Se você optar pelo sistema de chamada numérico, não se esqueça de indicar imediatamente ao final do parágrafo recuado de citação a referência de onde foi retirado aquele trecho. Se sua escolha for pelo sistema autor-data, você pode fazer a menção igualmente logo ao final do parágrafo recuado de citação direta, ou ainda, um pouco antes, no corpo do seu texto quando for efetuada uma referência antecipada da citação direta que virá a seguir destacada em recuo. Veja suas opções:

No sistema numérico:

Exemplo:

Existiram mecanismos internos às estruturas autoritárias latino-americanas que produziram, segundo o autor, um impacto nos processos de redemocratização.

A acumulação de pressões sociais e políticas contra um regime autoritário produziu frequentemente uma revolução; mas na América Latina, o processo de saída das ditaduras pós-populistas e antipopulares não foi, *não é revolucionário*.[37]

---

[37] TOURAINE, Alain. *Palavra e sangue*: política e sociedade na América Latina. Tradução de Iraci D. Poleti. São Paulo: Trajetória Cultural; Campinas: UNICAMP, 1989. p. 484-485.

No sistema autor-data:

Exemplo:

Existiram mecanismos internos às estruturas autoritárias latino-americanas que produziram, segundo o autor, um impacto nos processos de redemocratização.

A acumulação de pressões sociais e políticas contra um regime autoritário produziu frequentemente uma revolução; mas na América Latina, o processo de saída das ditaduras pós-populistas e antipopulares não foi, *não é revolucionário*. (TOURAINE, 1989, p. 484-485)

Exemplo:

Existiram mecanismos internos às estruturas autoritárias latino-americanas que produziram, segundo Alain Touraine (1989, p. 484-485), um impacto nos processos de redemocratização.

A acumulação de pressões sociais e políticas contra um regime autoritário produziu frequentemente uma revolução; mas na América Latina, o processo de saída das ditaduras pós-populistas e antipopulares não foi, *não é revolucionário*.

5.2.5 Notas de rodapé

A nota de rodapé contendo comentários adicionais no sistema autor-data ou a referência da fonte utilizada no sistema numérico, tanto na citação direta como na indireta, deve estar posicionada **na mesma página** de seu número indicativo no texto. As notas de rodapé devem ficar separadas do texto por um filete, recuado três centímetros a partir da margem esquerda ou por um espaço simples. Além disso, **deve iniciar e terminar naquela mesma página**! Somente em casos excepcionais, em que for imprescindível a confecção de uma longa nota, é admitida a sua continuação na página seguinte.

A nota de rodapé deve vir na mesma fonte do texto, mas em tamanho dois pontos menor. O alinhamento é justificado, sem espaçamento antes e depois do parágrafo, espaço entrelinhas simples e sem recuo da primeira linha.

5.2.6 Resumo(s)

Cada resumo deve estar contido em uma só página, vir em parágrafo justificado e sem recuo da primeira linha. O espaço entrelinhas é 1,0 linha (simples) e a fonte será a mesma do restante do trabalho. Não há necessidade de estipular espaço antes e depois do parágrafo porque na verdade todo o resumo estará contido em um só parágrafo.

5.2.7 Referências

Ao final do trabalho, as Referências devem vir na mesma fonte e tamanho utilizados no corpo do texto. Pelas novas normas da ABNT, não há mais recuo a partir da segunda linha, então os parágrafos devem ficar alinhados somente à margem esquerda, nunca justificados. O espaçamento entrelinhas é simples, entre os parágrafos de cada referência deve ter um espaço simples em branco, o qual pode ser programado pelo editor de texto em espaço 6pt antes e depois.

5.3 Elementos gráficos e visuais

Além do desenvolvimento das ideias no curso normal do vernáculo, pode-se fazer necessária a utilização de símbolos, abreviaturas, siglas, a apresentação de gráficos e tabelas, ilustrações em geral e assemelhados. Nesse caso, observe os seguintes indicativos norteados pela ABNT.

5.3.1 Ilustrações

Qualquer tipo de elemento ilustrativo no texto deve ser legendado. As figuras podem ser: quadros, lâminas, plantas, fotografias, gráficos, organogramas, fluxogramas, esquemas, desenhos etc.

As legendas são feitas assim: para qualquer elemento ilustrativo indique a palavra <Figura> seguida de sua numeração no texto em algarismos arábicos, do título ou explicação e da fonte, se necessário. A ABNT recomenda que a redação das legendas seja breve e dotada de clareza. Deve ser inserido o mais próximo possível da sua referência feita no corpo do texto.

5.3.2 Tabelas

A apresentação de tabelas deve observar as seguintes diretivas (NBR 14.724/2011) e IBGE (1993):

a) numeração consecutiva e independente de qualquer numeração empregada nas seções do texto;

b) o título vem precedido da palavra <Tabela>, de seu número de ordem em algarismos arábicos e é alocado na parte superior;

c) as fontes das tabelas e notas explicativas, estas últimas quando necessárias, devem vir indicadas em nota de rodapé, fora dos limites da própria tabela;

d) a reprodução de tabelas previamente confeccionadas por autores individuais e institucionais já publicadas em outros documentos deve ter sido permitida, por razões de respeito aos direitos autorais, embora isto não necessite ser ali mencionado. Mas, neste caso, não se esqueça de citar a fonte;

e) assim como as ilustrações, as tabelas devem ser localizadas o mais próximo possível da sua referência no corpo do texto;

f) caso não caiba em uma só página, a tabela pode continuar na página seguinte, deixando o quadro com a linha final em aberto e repetindo-se seus títulos (cabeçalho) na folha que se segue; e

g) fios horizontais e verticais são utilizados para separar os títulos de cada coluna no cabeçalho e também para fechar tais colunas na sua parte inferior, devem-se evitar fios verticais para separação das demais colunas e fios horizontais para a separação das linhas restantes.

5.3.3 Abreviaturas e siglas

Por vezes, ao longo do texto, termos, expressões e nomes de Instituições são repetidos com tamanha intensidade que justificam a adoção de abreviaturas ou a indicação de siglas por economia de redação. Tal prática é, evidentemente, opcional, contudo alguns cuidados devem ser tomados, como veremos a seguir.

Em primeiro lugar, somente abrevie as palavras que representem expressões ou termos estratégicos, aqueles que acabam por se constituir o próprio pano de fundo categorial de toda a pesquisa. Exemplo: uma pesquisa sobre Informática jurídica que por seu recorte metodológico tenha de operar com a concepção de *Inteligência Artificial* apresentará tantas vezes essa expressão que se justifica, pelo estilo de redação adotado pelo autor, o uso da abreviatura <I.A.> para a ela se referir. Portanto, não se justifica abreviar simples palavras porque venham a aparecer muitas vezes no texto, como *para* por p/, ou *que* por q., observando que para essas regras cabe mais uma orientação: evite abreviar referências importantes do sistema jurídico nacional para não evidenciar descaso. Exemplo: não substitua Constituição da República Federativa do Brasil por Const. Rep. Fed. do Brasil ou algo parecido.

Em relação à adoção de siglas, tome o cuidado de não "fabricar" siglas aleatórias a despeito das oficialmente existentes. Exemplo: para Supremo Tribunal Federal, a sigla é STF **e não** Sup. Trib. Fed.

Segundo a ABNT (NBR 14.724/2011), a utilização de abreviaturas e siglas obriga o autor do trabalho a dois procedimentos:

a) a confecção de lista de abreviaturas e de lista de siglas; e

b) a indicação por extenso do significado de cada abreviatura ou sigla, acompanhado da abreviatura ou sigla entre parênteses logo a seguir, **toda primeira vez que tais menções aparecerem no texto**, sendo obviamente dispensada a representação por extenso nas menções seguintes.

5.3.4 Símbolos

No caso da utilização de símbolos, como, por exemplo, em trabalhos que de alguma forma utilizem a Lógica simbólica ou outras linguagens simbólicas (gráficas), lembre-se de indicar claramente a convenção daqueles utilizados na lista de símbolos e não se esqueça de indicar seu significado quando aparecerem pela primeira vez no corpo do texto.

5.3.5 Equações e fórmulas

No caso de equações e fórmulas, elas devem vir destacadas ou:

a) no próprio corpo do texto e, nesse caso, um espaçamento maior entre as linhas em que aparecerem é permitido; ou

b) isoladas e centralizadas em parágrafos destinados exclusivamente a elas, nesse último caso, as fórmulas e equações podem ou não ser numeradas, conforme a quantidade apresentada e a necessidade, com algarismos arábicos entre parênteses alinhados à direita da página.

Se a equação ou fórmula não couber em uma linha, a quebra deverá ocorrer **antes** do sinal de igualdade ou **depois** dos sinais de adição, subtração, multiplicação e divisão (NBR 14.724/2011).

Parte IV

Outros trabalhos acadêmicos:

fichas de leitura, trabalhos didáticos de graduação e *papers*

Após examinarmos a natureza científica das pesquisas e, em especial, das pesquisas acadêmicas no Direito, vamos nos ocupar de algumas outras formas de trabalhos acadêmicos: fichas de leitura, trabalhos didáticos de graduação e *papers*, que não podem ser, ao menos pacificamente, considerados como pesquisa científica.

Relevantes como instrumentos operacionais de pesquisa são as *fichas de leitura*, também frequentemente exigidas nas disciplinas dos Cursos de Direito tanto no âmbito da Graduação como da Pós-Graduação, a título de trabalho acadêmico, objetivando ou não aferimento de nota. Depois, vamos ver também os trabalhos didáticos exigidos normalmente ao longo da Graduação em Direito. Por fim, veremos os *papers*, trabalhos acadêmicos didático-científicos exigidos tanto na graduação como na pós-graduação em Direito, e que podem ou não estar intimamente ligados a determinado esforço de pesquisa acadêmica de caráter científico.

1 Fichas de leitura

Gostaríamos que você se inteirasse de certos elementos que não podem ser formalmente considerados como pesquisa, mas que são recursos operacionalmente relevantes: as fichas de leitura. Além disso, são frequentemente requisitadas até como trabalhos acadêmicos de caráter didático nas Graduações e Pós-Graduações dos Cursos de Direito brasileiros.

Quando nos propomos a fazer pesquisa, sobretudo, mas não exclusivamente pesquisa teórica, necessitamos ir à busca do material bibliográfico adequado aos nossos propósitos, ou seja, as fontes. Após a localização destas últimas, chega por fim a hora de estudá-las, interpretá-las e, assim, avaliar sua qualidade para assumir o *status* de bibliografia definitiva de nossa investigação.

Nesta etapa procedimental da pesquisa alguns recursos são de grande utilidade para a organização das informações, de modo que possam ser operacionalizadas de forma racional por seu autor. Um instrumento auxiliar de pesquisa muito eficiente é a prática dos fichamentos.

Note que, ainda nessa etapa prévia da realização da versão definitiva de seu trabalho, o fichamento pode ser necessário para que, justamente, você possa descartar ou minimizar a importância de fontes que à primeira vista pareciam as mais importantes para o embasamento do trabalho. Por outro lado, os fichamentos efetuados possibilitarão que todas as informações estejam organizadas de modo a facilitar o acesso a elas a qualquer momento.

Se o material estiver compilado de forma competente, não haverá necessidade de retornar às obras consultadas, e o pesquisador estará pronto para promover sua *reflexão* sobre as informações fichadas com muita segurança, determinando o sucesso do resultado de seu esforço.

Há vários tipos de fichamentos que podem ser realizados no caminho da pesquisa acadêmica, de acordo com o tipo de pesquisa, o tipo de material a servir de embasamento, as linguagens envolvidas na investigação. Um ou alguns determinados tipos de fichamento serão, obviamente, mais úteis do que outros. Além disso, você mesmo pode criar ou adaptar alguns para seu uso pessoal, de acordo com as necessidades que você pode vir a detectar em seus procedimentos investigativos.

Entretanto, há alguns tipos básicos de fichamentos que gostaríamos que você conhecesse para sua vida profissional ou acadêmica de um modo geral.

242

Quanto à apresentação estética das fichas, aconselhamos o seguinte: existem, é claro, as tradicionais fichas de leitura pautadas ou não em papel cartão de vários tamanhos, encontradas com razoável facilidade em todas as papelarias. Mas, se você já entrou para a era da Informática, ainda que tenha a sua disposição apenas um microcomputador jurássico somente para redação de textos, eles costumam ser muito eficientes. Então, lance mão dele, domine a máquina e mude seu hábito de fichamento direto para o computador (não esqueça de fazer *backup*!). E você poderá enviar suas fichas pela internet direto para seu professor ou imprimi-las em papel A4 e entregá-las pessoalmente.

O programa *Word* (*Microsoft Office*) possui um esquema de referências cruzadas e *hyperlinks* que pode facilitar muito o seu trabalho porque indexa os seus arquivos (suas fichas) de acordo com a palavra-chave que você estipular. Você pode, então, definir algumas categorias importantes para a sua pesquisa e, pronto, o computador seleciona todos os arquivos vinculados a ela. Fica aqui a dica.

A numeração das páginas das fichas é muito importante. Ao final, conte quantas foram e numere assim: para dez páginas por exemplo, 1/10, 2/10, 3/10, e assim por diante. À medida que for lendo saberá quantas páginas são e quantas faltam para terminar a leitura.

Deve haver sempre um cabeçalho com seu nome. Se for um documento acadêmico a ser entregue para validação como trabalho, não se esqueça de indicar no cabeçalho a Instituição, o curso, a turma e todas as informações necessárias para a identificação correta do trabalho e de seu autor. Indique o modelo de ficha realizado logo acima do início do fichamento para que seu Professor ou você, mais tarde, saibam o que esperar do conteúdo. E, após apresentar as informações que motivaram o fichamento, faça sempre uma apreciação reflexiva sobre o conteúdo fichado.

Não se engane, você estará presente durante toda a ficha, uma vez que, mesmo pretendendo apenas resumir (ficha-resumo) as ideias do autor na obra, a escolha das informações é sempre muito pessoal e intransferível. É por isso que é impossível toda uma turma fazer uma ficha de leitura-resumo idêntica, ainda que da mesma obra. Captou a mensagem?

Os modelos de ficha de leitura que você verá a seguir são os mais utilizados no âmbito de certos Cursos de Direito. Pela correção e praticidade foram, em parte, apenas inspirados e, em parte, extraídos da publicação metodológica denominada *Convergência* (UFSC/CPGD, 1988) do Curso de Pós-Graduação em Direito da Universidade Federal de Santa Catarina. E já algumas gerações de graduandos, mestrandos e doutorandos vêm pautando-se nesses modelos com muito sucesso. Veja também essas preciosas orientações na obra *Prática*

244

da pesquisa jurídica, de Cesar Luiz Pasold (2002) e em *Como se faz uma tese em ciências humanas*, de Umberto Eco (1989).

1.1 Ficha de aula (palestra, seminário, conferência, painel)

Esta modalidade de ficha pode ser de extrema utilidade. Durante os encontros presenciais ou virtuais é comum que boas ideias, sugestões e opiniões abalizadas e sintonizadas com os grandes debates mais recentes sobre o assunto que você deseja pesquisar sejam proferidas, e anotá-las seria de grande proveito, não é mesmo?

O problema é que os apontamentos de aula, por exemplo, geralmente são tomados em uma linguagem que só seu autor conhece e que vai perdendo a extensão do conteúdo à medida que o tempo passa. Hoje em dia é comum nos bancos escolares que até aulas magistrais sejam reduzidas a esqueminhas de setinhas pelos alunos. Então, ao chegar em sua casa, tão logo quanto possível, reorganize as informações de forma inteligível no fichamento de aula para que mais tarde você possa retornar a ele em um momento mais apropriado de seus estudos presentes ou futuros.

Além daquelas diretivas que fornecemos acima, válidas para todas as modalidades de fichas, observe os seguintes elementos básicos:

01. Indicação do tipo de ficha.   1/10

02. Nome do autor do fichamento.

03. Data do evento (aula, palestra etc.).

04. Nome do professor (palestrante, conferencista, painelista etc.).

05. Título ou tema da aula (da palestra, do painel, do seminário etc.).

06. Exposição do conteúdo ministrado.

07. Apreciação crítica, ressalvas, pontos de interesse ou de contato com outras informações, reflexão final sobre algum ponto ou sobre o conjunto do conteúdo das informações recebidas.

08. Data da realização do fichamento.

(assinatura do autor)

1.2 Ficha bibliográfica

A ficha bibliográfica é, na verdade, a primeira coisa a ser feita quando tomamos contato com uma obra, quer ela seja de sua propriedade, quer ela tenha sido emprestada de uma biblioteca, por exemplo. Essa ficha consiste em transcrever para seu fichamento todas as informações bibliográficas relevantes da obra. O modo de proceder a essas referências você apreenderá na última parte deste livro.

Lembre-se de que a coleta das informações bibliográficas deve ser tão competente que, no momento da eventual citação da obra, durante a redação de seu trabalho e na confecção da lista de referências ao seu final, seja perfeitamente dispensável o retorno a ela, que a esta altura pode já nem mais estar em seu poder se não for sua.

Além daquelas diretivas que fornecemos acima, válidas para todas as modalidades de fichas, observe os seguintes elementos básicos:

---

01. Indicação do tipo de ficha.   1/10

02. Nome do autor do fichamento.

03. Referência bibliográfica completa.*

04. Eventuais referências temáticas cruzadas com outras fichas.

05. Data da realização do fichamento.

(assinatura do autor)

---

* Se possível, mostre a localização do livro; se não for de sua propriedade, coloque o nome do dono ou da biblioteca, caso seja uma ficha operacional apenas para seu uso pessoal.

1.3 Ficha-resumo

A ficha-resumo é, com certeza, a mais utilizada, uma vez que viabiliza a compreensão global de uma obra, ou só de parte dela: um capítulo importante, por exemplo.

Essa ficha impõe certa capacidade de síntese de seu autor, caso contrário não resultará em resumo, mas em extensa transcrição acrítica de textos. Sua leitura posterior torna-se enfadonha e tem-se a impressão de que os apontamentos foram escolhidos aleatoriamente. O investigador amador tende a ter pouca capacidade sintética. Isso se deve à falta de hábito de leitura e de raciocínios mais complexos, mas aos poucos, com a prática, ela melhorará: o pesquisador se tornará cada vez mais objetivo e eficiente em seus fichamentos.

Assim, se você fizer um resumo, e é um principiante, pense durante toda a sua realização que ele deve ter uma utilidade prática para você depois. Se após terminar seu fichamento você perceber que tem que voltar, a todo momento, à obra fichada, é porque você não atingiu sua meta no fichamento.

Se você já tem um objetivo de pesquisa definido ao fazer a ficha-resumo, outra programação mental que você pode fazer durante a realização desse tipo de fichamento, mas que serve para todos os outros, é a seguinte: tenha sempre em mente o que você quer, seu tema, seu objeto, os elementos referenciais importantes para sua pesquisa. Assim, você irá perceber que, mesmo lendo um autor genial, que diz coisas fantásticas, não são **todas** as informações passadas por ele na obra que você irá aproveitar, porque seu tema e/ou suas preocupações são outras. Por isso, **estabeleça o referente.**

Por exemplo, se você está pesquisando um determinado tipo de tributo como a Taxa, e se dedica à leitura de um excelente autor de Direito Tributário que lhe ensina coisas maravilhosas sobre vários assuntos, lembre-se: só as informações sobre Taxas e aquelas outras que, de alguma forma, contribuírem ou interferirem com as primeiras interessar-lhe-ão.

A redação do resumo deve ser feita com as palavras do realizador do fichamento, mas sempre fiel às ideias do autor da obra, mesmo que você discorde delas. Ao final do resumo, abra um espaço para suas opiniões e críticas. Outra coisa: lembre-se de indicar as páginas em que estão as ideias fichadas, assim você facilita suas citações indiretas na hora de redigir o trabalho. Você irá perceber que pode resumir grande quantidade de informações em um parágrafo e que irá gastar muito espaço, às vezes, para exprimir uma ideia muito relevante disposta em duas ou três frases da obra fichada.

O fato de você estar fazendo resumo não prejudica sua necessidade de ressaltar, também, aquelas citações diretas que você gostaria de transcrever para aproveitar depois. Nesse caso, faça uma indicação precisa da(s) página(s) de onde foram retiradas. E você terá uma ficha mista: resumo-destaques.

Além daquelas diretivas que fornecemos acima, válidas para todas as modalidades de fichas, observe os seguintes elementos básicos:

---

01. Indicação do tipo de ficha.   1/10

02. Nome do autor do fichamento.

03. Referência bibliográfica completa.*

04. Referente (se necessário).

05. Conteúdo do resumo (sempre indicando as páginas em que as ideias podem ser encontradas).

06. Observações pessoais e/ou comentários finais.

07. Data da realização do fichamento.

(assinatura do autor)

1.4 Ficha-destaques

Esta modalidade de fichamento é extremamente útil na etapa final de sua pesquisa, quando da redação de seu trabalho. Existem passagens nas fontes consultadas que certamente você desejará transcrever, incorporando-as ao seu texto.

---

* Se possível, mostre a localização do livro; se não for de sua propriedade, coloque o nome do dono ou da biblioteca, caso seja uma ficha operacional apenas para seu uso pessoal.

Veja bem o que dissemos!

> *"Incorporando-as ao seu texto"*
>
> *O que isto quer dizer?*

Quer dizer que incorporar passagens de uma fonte consultada ao seu texto não significa apropriar-se delas, como se fossem de sua autoria!!!

Incorporar ao seu texto significa que as citações devem estar dispostas de modo a guardar relação de *continuidade* com a linha de seu raciocínio, ou seja, devem ser um reforço, um exemplo, um *plus* para a sua argumentação. Evite enxertar citações (diretas ou indiretas), de forma a unicamente substituir o seu próprio trabalho.

Combata a preguiça e a timidez!

As citações devem estar inseridas de tal forma em seu texto de modo que o leitor sequer sinta a presença ostensiva delas. Devem tomar parte perfeita no raciocínio, mesmo não sendo de sua autoria (ainda que seja um trecho citado justamente para que você lhe promova a crítica). E não se esqueça de indicar as páginas de início e fim de cada citação!

Além daquelas diretivas que fornecemos acima, válidas para todas as modalidades de fichas, observe os seguintes elementos básicos:

---

01. Tipo de ficha. 1/10

02. Nome do autor do fichamento.

03. Referência bibliográfica completa.*

04. Citações selecionadas da obra (com a indicação das páginas em que devem ser encontradas).

05. Observações pessoais e/ou comentários finais.

06. Data da realização do fichamento.

(assinatura do autor)

1.5 Ficha temática

Esta modalidade de ficha é estratégica para determinados tipos de pesquisa. Isso porque proporciona a organização de várias fontes segundo o tema (assunto, categoria, conceito etc.) em uma mesma ficha, o que lhe facilita o acesso

---

* Se possível, mostre a localização do livro; se não for de sua propriedade, coloque o nome do dono ou da biblioteca, caso seja uma ficha operacional apenas para seu uso pessoal.

e a reflexão sobre o conjunto das informações. A exposição sobre o tema, segundo um ou mais autores, pode ser na forma de resumo ou de destaques, ou ambos.

Então, digamos que você já tenha noção de certo número de conceitos com os quais irá operar em seu trabalho: pode fazer uma ficha para cada um. Lembre-se de que uma pesquisa científica tem como característica o tratamento rigoroso das informações, que podem ser conceitos, conforme o tipo de investigação. Então você terá de ter uma noção clara sobre eles para discuti-los, descartá-los, adotá-los, ou formar o seu, a partir das próprias insuficiências que você encontrou nos primeiros.

Outros conceitos você pode vir a utilizar só de forma secundária, sem se dedicar à discussão exaustiva. Nesse caso, você terá de expressar claramente o *sentido* em que os empregou no texto. Você pode fazer isso em uma nota de rodapé, ou no corpo do próprio texto, ou, ainda, em um Glossário fornecido junto com o trabalho.

Nada mais lamentável e incoerente do que empregar o mesmo termo para dizer coisas diferentes com significados divergentes, ao longo de seu trabalho, de forma irrefletida. A precisão do discurso é essencial para a boa pesquisa. Exemplo: o conceito de *Estado* comporta muitos significados; **adote um ou desenvolva de forma fundamentada o seu**, e deixe-o bem claro para o leitor. Assim, você não irá se referir ao Estado traduzindo compreensões muitas vezes contradictórias ao longo do texto, o que minaria a seriedade de seu esforço de pesquisa.

É aqui que entra a ficha temática, que propicia a sistematização de tudo o que se diz, e você leu, sobre o tema de sua escolha. E, se você aceitou a sugestão das referências cruzadas do *Word*, vai poder realizá-la com razoável facilidade.

Além daquelas diretivas que fornecemos acima, válidas para todas as modalidades de fichas, observe os seguintes elementos básicos:

---

01. Indicação do tipo de ficha. 1/10

02. Nome do autor do fichamento.

03. Referência(s) bibliográfica(s) completa(s).*

04. Tema (assunto; categoria; conceito).

05. Conteúdo.

06. Observações pessoais e/ou comentários finais.

07. Data da realização do fichamento.

(assinatura do autor)

---

* Se possível, mostre a localização do livro, se não for de sua propriedade, coloque o nome do dono ou da biblioteca, caso seja uma ficha operacional apenas para seu uso pessoal.

1.6 Ficha reflexiva (crítica, analítica)

Vamos supor que você já percorreu quantidade razoável e consistente de fontes para a sua pesquisa e já está em condições de estabelecer conexões, afinidades e antagonismos entre elas e entre elas e suas opiniões. Então, nesse momento, a ficha reflexiva pode organizar sua avaliação crítica do material estudado e, também, da problemática que envolve seu objeto de pesquisa de uma forma geral. Perceba, contudo, que este modelo de ficha não consiste em um *paper*, portanto, não haverá um texto coeso, apenas inserções de observações sobre o material estudado.

Quando for o caso de discutir passagens, faça a citação delas e discuta-as. Transcreva sempre as referências completas do autor e da obra a que você está se referindo e, principalmente, do que você está tratando. Da mesma forma que as outras, essa modalidade de ficha deve estar em condições de alavancar seu trabalho de investigação de tal forma que não seja mais necessário voltar às obras e relê-las a todo momento.

Observe os seguintes elementos básicos:

---

01. Indicação do tipo de ficha. 1/10

02. Nome do autor do fichamento.

03. Referência(s) bibliográfica(s) completa(s).*

04. Conteúdo com suas observações pessoais.

05. Comentários finais.

06. Data da realização do fichamento.

(assinatura do autor)

---

* Se possível, mostre a localização do livro; se não for de sua propriedade, coloque o nome do dono ou da biblioteca, caso seja uma ficha operacional apenas para seu uso pessoal.

2 Trabalhos didáticos de graduação

No decorrer do Curso de Direito, é prática largamente utilizada a solicitação pelos professores de trabalhos didáticos sobre temas referenciados no conteúdo programático das disciplinas contemplados em sala de aula ou outros complementares aos primeiros. Assim, o que se busca é a consolidação de um conhecimento lançando mão de outros recursos, além daqueles adstritos à atividade meramente expositiva do professor da cadeira. Nessas ocasiões, a produção acadêmica do aluno não pode ser considerada rigorosamente como pesquisa científica, mas simples trabalho didático com ou sem atribuição de nota.

Esses trabalhos didáticos realizados pelos graduandos podem assumir diferentes formas convencionalmente denominadas: trabalho de "pesquisa", resumo, relatório de estudos, trabalho de aproveitamento e outros.

Muito aquém do aporte rigorosamente científico, trata-se, na verdade, de atividades de ordem técnica, muitas vezes de levantamento bibliográfico ou jurisprudencial, objetivando despertar no aluno o interesse pela matéria, o hábito e o gosto pela realização da investigação, estimular o aluno a iniciar-se na tarefa de pesquisa científica e, eventualmente, colher dados para a verificação do aprendizado. Esses trabalhos didáticos, apesar de não estarem no nível das verdadeiras pesquisas acadêmicas, não podem negligenciar o método científico em sua consecução e os rigores formais na sua apresentação final.

Dessa forma, mesmo não se enquadrando nos ditames de cientificidade exigidos para a pesquisa acadêmica, essa modalidade de trabalho deve observar praticamente as mesmas regras metodológicas e as mesmas técnicas de pesquisa, assim como guardar respeito pelo raciocínio lógico expressado no texto.

Consolidando a orientação da aplicação das normas técnicas da ABNT também para os demais trabalhos acadêmicos, inclusive os realizados na graduação, a NBR 14.724/2011 determina sua aplicação aos trabalhos intra e extraclasse da graduação e define o trabalho acadêmico em geral como o "documento que representa o resultado de estudo, devendo expressar conhecimento do assunto escolhido"; os trabalhos acadêmicos devem também ser oriundos da "disciplina, módulo, estudo independente, curso, programa e outros ministrados".

Perceba que em monografias, dissertações e teses existem exigências metodológicas rigorosas bem mais explícitas, como a profundidade de abordagem, a articulação sofisticada de ideias e maior consistência do texto final.

O aluno deve ter cuidado para que seu trabalho não resulte em um amontoado de informações sem nexo lógico ou objetividade. Nesses casos o que se tem verificado normalmente é no máximo a apresentação de uma bricolagem coerente.

Uma boa dica de realização de trabalhos meramente didáticos é a elaboração de um *dossiê*. O *dossiê* é a articulação dos resultados temáticos das fichas de leitura, confeccionadas por ocasião do estudo do material coletado de forma ordenada. No *dossiê*, tópicos temáticos são estabelecidos, e o aluno vai ali incorporando o resultado de sua busca.

As considerações críticas podem ser alocadas no trabalho final, à medida que cada assunto controvertido é apresentado ao leitor, ao final do término de cada tópico temático, ao final de cada capítulo ou ainda ao final do trabalho, no último capítulo, mas sempre antes das considerações que você irá apresentar ao final. Assim, uma "pesquisa" de graduação pode ser o resultado da realização de um *dossiê* acrescido da apreciação crítica de seu autor sobre o assunto.

3 *Papers*

O *paper* é um trabalho acadêmico convencionado entre 15 e 30 páginas, cujo conteúdo versa sobre estudos variados. É frequentemente usado como requisito para avaliação no término de disciplinas de Graduação e Pós-Graduação em Direito (especialização, mestrado e doutorado).

No *paper* o assunto eleito como objeto de análise vem exposto de tal forma que nos permite ter uma boa noção do panorama teórico geral no qual se insere. Muitas vezes, o texto reflete o resultado (definitivo ou provisório) de pesquisas mais extensas, como também permite funcionar como uma carta de intenções do que se pretende pesquisar a partir dos estudos preliminares já cumpridos.

Não se esqueça de providenciar uma capa com todas as informações institucionais (Instituição de Ensino, Curso, Departamento, Disciplina, Professor) e pessoais (nome, nº da turma ou matrícula), bem como o título do *paper*, data e local.

260

O desenvolvimento de um raciocínio argumentativo sólido, bem fundamentado, e a observância das regras metodológicas de citação e referência formam o quadro dos requisitos mínimos para um *paper*. Introdução, Desenvolvimento e Conclusão/Considerações Finais são o roteiro básico do qual não se pode fugir. Na Introdução, não se esqueça de esclarecer o leitor sobre o objeto (tema), os objetivos e a justificativa do que vai ser abordado a seguir.

3.1 Tipos de *papers*

Variadas são as tipologias de *papers*. Vamos, portanto, sugerir algumas apenas para sua orientação. Nada obsta, no entanto, que você mesmo adapte ou crie uma nova forma conforme sua necessidade e talento.

3.1.1 *Paper* temático

Este *paper* é, com efeito, uma das modalidades mais empregadas. O trabalho versa sobre um tema específico, que pode ser um assunto, um problema, um fenômeno. Outros temas ou subtemas podem ser, eventualmente, articulados ao tema central do *paper*. O importante é que se preservem a clareza e a objetividade.

261

3.1.2 *Paper* monobibliográfico

O *paper* pode se propor a analisar criticamente uma obra específica. Não se trata, no entanto, da resenha da obra, nem mesmo de sua resenha crítica, mas de seu exame rigoroso. Nesse caso, abordagens metodológicas definidas podem ser adotadas, além do procedimento analítico, como, por exemplo, uma leitura semiológica do texto, a análise psicanalítica, o enfoque sistêmico, o emprego do método dialético e outros.

3.1.3 *Paper* autor/escola

Neste caso, o objeto de análise podem ser as ideias de um autor ou de toda uma escola, teoria, metodologia, matriz teórico-jurídico-política etc. O que vai ser abordado é o conjunto do pensamento de um autor, ou autores metodologicamente próximos, ainda que possa ser utilizada a técnica de recorte a partir de um esquema de problemas ou categorias.

3.1.4 *Paper* categorial

No *paper* categorial há uma associação entre o modelo temático e o modelo autor/escola. Aqui o autor pode tratar de um tema categorial específico (exemplo: "O conceito de Democracia") em uma só obra ou em um só autor em diversas obras (exemplos: "O conceito de Democracia na *Teoria Pura do Direito*, de Hans Kelsen" ou "O conceito de Democracia em Hans Kelsen").

3.1.5 *Paper* comparativo

Este tipo de *paper* utiliza o método comparativo como método específico de trabalho. Consulte a seção que aborda os métodos auxiliares da pesquisa científica supra.

3.1.6 *Paper*-resenha

Embora a resenha seja um instrumento didático à parte, ela é frequentemente solicitada na condição de um *paper*, daí nosso interesse. O *paper*-resenha se apresenta como uma atividade descritiva ou informativa com o propósito de apresentar a obra (ou texto) objeto do estudo com o maior grau possível de objetividade. No entanto, a resenha também pode ter um cunho crítico, ou seja, quando recebe a denominação de *resenha crítica*, modelo que veremos adiante.

Para iniciarmos a elaboração de uma resenha, devemos considerar a realização da prévia leitura do texto e sua síntese. Podemos definir a resenha como uma descrição pormenorizada de um texto ou de uma obra. Trata-se de um relato do conteúdo da obra resenhada sem contrapartida crítica, ainda que certa dose de crítica ou elogio possa ser feita de forma moderada, mas sempre fundamentada.

Na elaboração de qualquer resenha devemos observar sempre alguns elementos básicos, como: a apresentação do autor, de suas obras mais relevantes e, em seguida, a descrição do texto ou da obra.

Por fim, podemos destacar que a resenha ocupa um papel de destaque no processo de investigação científica, pois é por meio dela que podemos tomar os primeiros contatos com um texto ou obra recém-publicada, a qual poderá ou não ser de nosso interesse para estudos mais aprofundados.

3.1.7 *Paper*-resenha crítica

Ao elaborarmos uma resenha crítica devemos observar que ela deve ir além de uma simples apresentação objetiva do conteúdo do texto ou da obra estudada. A resenha crítica requer uma ação interpretativa, avaliativa, argumentativa, comparativa, sobre o texto ou a obra objeto de nosso estudo.

Neste tipo de trabalho devemos demonstrar, além de nossa capacidade de síntese, uma certa autonomia e

264

maturidade intelectual. A resenha crítica requer, ainda, um certo conhecimento prévio e aprofundado sobre o tema central do texto ou da obra a ser trabalhada. Além disso, o resenhista deverá observar a clareza, a consistência e a lógica de sua análise crítica.

Tome cuidado!

Por mais que tenhamos conhecimento sobre o tema que estamos analisando, isto não nos dá o direito de distorcermos as ideias do autor da obra objeto da resenha, ou seja, devemos manter fidelidade às ideias do autor. Isso porque o objetivo da resenha crítica não é destruir as ideias do autor da obra resenhada; para essa tarefa o resenhista teria de fundamentar rigorosamente seu juízo crítico e apontar seus referenciais teóricos, o que já seria o resultado de uma investigação científica.

Veja bem, não se trata do resultado de uma pesquisa científica sobre uma obra a partir da adoção de critérios metodológicos claros, como no *paper* monobibliográfico. Aqui basta que o relato da obra resenhada seja acrescido de um suporte crítico do próprio autor do trabalho.

Não se esqueça de apontar a referência completa da obra, conforme a ABNT, a síntese sobre o conteúdo da obra, contendo as principais ideias, a forma como o conteúdo foi tratado e sua apreciação crítica.

3.1.8 *Paper*-artigo científico

Quando o professor solicita um *paper* sob a forma de um artigo científico está, na verdade, referindo-se àqueles artigos técnico-científicos publicados em revistas especializadas da área. Essa formatação voltada para o âmbito das publicações acadêmicas e científicas geralmente possui algumas regras metodológicas próprias.

Caso seu trabalho seja ao final realmente dado à estampa em revistas acadêmicas e científicas, tome sempre o cuidado de colher as diretivas particulares que condicionam a publicação em cada caso. As orientações seguintes são as mais adotadas.

O artigo científico deve ser acompanhado de resumo sucinto em inglês (*abstract*) quando apresentado aos conselhos editoriais das revistas.

O artigo inicia pelo título centralizado em fontes em negrito e maiores em relação às adotadas para o corpo do texto. A seguir você poderá opcionalmente acrescentar uma epígrafe em itálico com alinhamento justificado e recuado em relação à margem esquerda; fontes menores são aconselháveis, e espaço entrelinhas simples. Não se esqueça de indicar o autor da citação, mas suas referências bibliográficas serão apresentadas somente ao final do trabalho no item *Referências*.

Após o título ou após a epígrafe, indique, em parágrafo recuado em relação à margem esquerda, o seu nome em itálico seguido de indicação de nota de rodapé que deve incluir suas referências pessoais (titulação, vínculos institucionais).

Apresente, então, o Sumário do conteúdo do artigo. Recue o parágrafo em relação à margem esquerda, justifique, dê espaço entrelinhas simples, e utilize corpo menor que o do texto e em negrito. Não numere mas contemple: a Introdução, a Conclusão e as Referências.

A seguir, conceda alguns espaços para iniciar o corpo do texto: Introdução, Desenvolvimento, Conclusão e Referências. Respeite em tudo as mesmas normas da ABNT indicadas neste *Manual*, tanto para citações como para confecção de cada referência etc.

Boa opção é a adoção da fonte padrão *Times New Roman* tamanho 12 para o corpo do texto e para o nome do autor; tamanho 14 para o título; e tamanho 10 para a epígrafe, sumário e notas de rodapé. Dessa forma, na ausência de orientações metodológicas mais precisas, você não corre o risco de errar.

3.2 Estrutura do *paper*

Salvo para o caso de *paper* artigo científico, a estrutura do trabalho pode ser apresentada em dois estilos básicos: ou o texto vem articulado em Introdução, Itens (e subitens), Conclusão e Referências, ou o trabalho pode ser apresentado na forma de um texto corrido em cujo conteúdo estejam contempladas Introdução e Conclusão, além do desenvolvimento do texto. De qualquer forma, as Referências vêm em separado, ao final.

Como todo trabalho acadêmico, faz-se necessária uma capa contendo as identificações do trabalho: do autor, da disciplina e da Instituição – tal como as capas das pesquisas acadêmicas em geral. A Dedicatória e os Agradecimentos podem ser suprimidos, e a epígrafe, se houver, porque é opcional, deve estar contida logo no início do texto e não em folha separada.

Não é necessário o Sumário, mas, se o seu trabalho exceder 20 páginas, trate de confeccionar um com todos os elementos do texto na mesma forma metodológica indicada para os sumários de pesquisas acadêmicas em geral. Listas de abreviaturas, tabelas, ilustrações, siglas, símbolos etc., bem como o Glossário, serão suprimidos. Entretanto, a cada entrada no texto de um desses elementos, apresente seu significado por extenso: ou no corpo do texto ou em nota de rodapé (o mesmo para as categorias).

Não existem capítulos, mas, no máximo e por opção, tópicos numerados progressiva e escalonadamente sob a forma de seções primárias, secundárias, terciárias e assim por diante. Promova a edição final do texto de acordo com os indicativos gerais de formatação dos trabalhos contidos neste *Manual*. Em caso de dúvida, oriente-se pelas mesmas regras válidas para a pesquisa acadêmica.

Respeite a ordem a seguir:

a) Capa;

b) Corpo do texto:

b.1 Título;

b.2 Epígrafe (opcional);

b.3 Introdução;

b.4 Desenvolvimento do texto (secionado ou não);

c) Conclusão/Considerações finais;

d) Referências.

Parte V

Normas para apresentação de trabalhos científicos de acordo com a ABNT

1 Citações

A Associação Brasileira de Normas Técnicas (ABNT) é o fórum nacional encarregado de estabelecer as regras, linhas de orientação ou características mínimas de determinados produtos, serviços ou trabalhos científicos.

Não existe, entretanto, padronização de regras para a apresentação de trabalhos acadêmicos entre as Instituições de Ensino, e até mesmo entre os muitos manuais de metodologia, as editoras e os metodólogos. Assim, vamos reproduzir as principais orientações estabelecidas pela ABNT, a partir da NBR 6.023/2018 (versão corrigida em 2020), da NBR 10.520/2002 e da NBR 14.724/2011. Com isso, você terá à sua disposição critérios seguros para a apresentação de trabalhos acadêmicos, *papers*, fichamentos, monografias, dissertações e teses.[*] Iniciaremos nosso estudo pelas citações, calvário cruel de excelentes trabalhos que acabam radicalmente comprometidos pela falta de sua correta observância.

---

[*] Quando nos referimos ao tamanho de caracteres, espaçamento etc., estamos considerando o programa mais frequentemente utilizado para redação de textos, que é o *Word* em qualquer versão *Office* (*Microsoft*).

1.1 Tipos de citações

A citação pode ser definida como qualquer menção, em um trabalho acadêmico (científico, filosófico), de informação ou informações colhidas em outras fontes, a fim de esclarecer, ilustrar ou reafirmar o assunto em discussão. Para a ABNT, citação é a "menção, no texto, de uma informação extraída de outra fonte" (NBR 14.724/2011).

Quando falamos de *fontes citadas*, estamos nos referindo àqueles meios: livros, revistas, jornais, entrevistas, internet, palestras, aulas, debates, conferências etc. que você certamente utilizará para fazer sua pesquisa.

Todas as informações incluídas no seu texto a partir de outras fontes, sejam *papers*, artigos, livros ou qualquer outro trabalho, acadêmico ou não, deverão ser **claramente citadas** de alguma forma. Sua obrigação será a de sempre dar o crédito ao **legítimo** autor. Caso isso não ocorra, você poderá vir a ser acusado de plágio, ou seja, de apropriação indevida de ideias e informações (propriedade intelectual) que não são suas.

Na verdade, a fonte pode não ser exatamente uma pessoa, mas uma Instituição, por exemplo. Você pode sentir a necessidade de copiar um gráfico demonstrativo daquilo que quer expressar; então, a fonte do gráfico pode ser uma instituição, como o IBGE, que você vai ter de citar, pois não foi você quem fez o gráfico nem colheu as informações tabuladas, certo?

Existem duas formas de se fazer citação em pesquisa: uma denominada *citação indireta* ou *livre*; outra, *citação direta* ou *textual*.

Seja qual for o tipo de citação utilizada, direta ou indireta, pelo sistema de chamada numérico ou pelo sistema autor-data, para todo novo parágrafo no qual a fonte citada se repetir, você deve fazer nova menção da fonte consultada.

1.2 Citação indireta ou livre

Denominamos *citação indireta* ou *livre* toda ideia ou qualquer tipo de informação de outra pessoa (fonte), em que utilizamos nossas próprias palavras. Ocorre quando fazemos uma transcrição livre do texto do autor consultado.

Imediatamente após a citação indireta, devemos indicar **obrigatoriamente** a fonte consultada. A citação da fonte, por sua vez, poderá ser feita de duas formas: ou pelo *sistema de chamada numérico* ou pelo *sistema de chamada autor-data*, como veremos mais adiante.

Na citação indireta você mantém a ideia do autor citado, só que...

*a redação do seu trabalho deve
ser escrita com suas próprias palavras.*

Assim, o domínio do vernáculo é fundamental. Recomendamos que você use e abuse dos dicionários de língua portuguesa. Existem excelentes dicionários que podem ser adquiridos em CD-ROM e incorporados diretamente ao seu editor de texto no computador. Fica aqui a sugestão.

1.3 Citação direta ou textual

Denominamos *citação direta* ou *textual* aquela em que transcrevemos literalmente as palavras e os conceitos do autor consultado. Neste caso, você deverá conservar a grafia, a pontuação, o uso de maiúsculas e, até mesmo, os erros que o texto original possuir. Um pouco mais adiante você encontrará algumas regras e dicas para resolver esses problemas.

Imediatamente após a citação direta ou textual, você também deverá **obrigatoriamente** indicar a fonte consultada, como na citação indireta.

As citações diretas ou textuais podem ser *curtas* ou *longas*.

1.3.1 Citações curtas

Curtas são as citações de até três linhas (veja bem, até três linhas no seu trabalho, e não no texto original que está sendo citado).

Neste caso, elas deverão vir transcritas entre aspas duplas, passando a integrar o texto que você estiver escrevendo (NBR 10.520/2002). Repare bem que não haverá necessidade de novo parágrafo.

Exemplo:

Para Alves (2000, p. 126), "todo conhecimento, toda ciência, toda tecnologia se baseia no conhecimento de relações entre causas e efeitos".

1.3.2 Citações longas

São citações com mais de três linhas e no máximo 15 (veja bem, mais de três linhas no seu trabalho, e não no texto original que está sendo citado).

As citações longas devem ser feitas em parágrafo distinto, com recuo em relação à margem esquerda de 4 cm (NBR 10.520/2002). Devemos, ainda, utilizar o tamanho da fonte menor do que o que estamos utilizando no texto normal.

277

Se no texto normal estamos utilizando tamanho 12 (doze), na citação longa devemos utilizar a tamanho 11 (onze). A transcrição deve ser efetuada sem aspas, em espaçamento entrelinhas simples. Entre o parágrafo anterior e o posterior da citação longa, o espaçamento entre os parágrafos merece 6pt.

Exemplo:

Portanto,

> O conhecimento filosófico percebe o objeto não segundo as características individuais ou individuantes, mas em sua razão última, a razão do ser. A ciência estuda seu objeto sob um determinado aspecto, a filosofia, em sua generalidade mais alta. Por exemplo: o homem, no aspecto de saúde, é objeto da medicina; como sujeito de ações e de reações, da psicologia; como capaz de esforço cooperativo, é objeto da administração. A filosofia o vê, porém, como homem pura e simplesmente. (VIEGAS, 1999, p. 40)

Importante!

1.3.3 Regras para citações diretas

Nas citações diretas devemos observar ainda as seguintes regras:

a) Ao fazer uma citação direta curta, caso o texto a ser citado já possua aspas duplas, devemos transformar as aspas duplas do original em aspas simples;

Exemplo:

Para Heller (1968, p. 142), "a sociedade vem a ser algo assim como o sedimento que se produz 'por si mesmo' quando se realizam todos os contratos particulares".

b) **Supressão de texto.** Quando suprimimos uma parte do texto citado, **desde que não alteremos o seu sentido ou o da frase original**, devemos fazer o uso de reticências entre colchetes. (NBR 10.520/2002)

Exemplo:

Portanto, "num argumento lógico, o raciocínio envolve apenas a elucidação de informações contidas [...] nas premissas". (CARRAHER, 1999, p. 61)

Obs.: no caso de a omissão ocorrer no início ou no final da citação, devemos utilizar igualmente os colchetes com reticências.

c) **Explicações adicionais.** Quando acrescentamos ou explicamos algo dentro de uma citação direta, **desde que não alteremos o sentido do texto ou da frase original**, devemos incluir essa informação dentro de colchetes. (NBR 10.520/2002)

Exemplo:

Segundo Bastos (1992, p. 27-28), a "lei [para Marx e os marxistas] seria um instrumento para resguardar e garantir a apropriação privada".

d) **Incorreção ou incoerência no texto.** Quando houver incorreção ou incoerência no texto da citação direta, devemos nos manifestar utilizando a expressão *sic* (assim mesmo) entre colchetes imediatamente após a ocorrência. Neste caso, não devemos corrigir o erro ou omiti-lo, mas apenas reconhecê-lo e mantê-lo.

Exemplo:

Para que um advogado "possa intervir em juízo, é necessário que disponha de um mandado [sic]. Somente com esse instrumento ele poderá exercer determinadas atividades em nome daquele que lhe concedeu". *<aqui você cita a fonte, ou pelo sistema numérico ou pelo sistema autor-data>*

e) **Ênfase ou destaque.** Quando queremos dar ênfase ou destaque à(s) palavra(s) ou à(s) frase(s) em uma citação direta, devemos utilizar grifo, itálico ou negrito, e, ao final do parágrafo, entre parênteses, incluir o texto: *grifo nosso*. Caso o destaque seja do autor consultado, usa-se a expressão *grifo do autor* ao final da citação, igualmente entre parênteses. (NBR 10.520/2002)

Exemplos:

Segundo o autor, o "governo brasileiro, com a sua nova **Política de Defesa Nacional**, tenta dar um fim a esse defeito crônico das suas Forças Armadas: a autonomia militar". (BORGES FILHO, 1997, p. 34, grifo nosso)

f) **Citação de citação (apud).** Quando fazemos uma citação de citação, chamada *apud*, mencionamos determinada passagem de um documento ao qual não tivemos acesso, mas do qual tomamos conhecimento por meio de outra fonte disponível. Neste caso, a indicação deve ser feita pelo nome do autor original, seguido da expressão *citado por* ou *apud* e do nome do autor da obra a que tivemos acesso, isto é, que estamos consultando.

Exemplo:

Para Hobhouse apud Heller (1968, p. 272), se "se considerassem as instituições sociais como razão objetiva, ficaria anulada a função da razão na sociedade humana". *<pode ser também*: *conforme Hobhouse, citado por Heller>*

Importante!

* A citação de citação (ou *apud*) só deve ser utilizada na total impossibilidade de acesso à fonte. A expressão *apud* significa *citado por, conforme, segundo, em.*

** No caso de você utilizar a citação de citação ou *apud*, somente mencione nas Referências os documentos efetivamente consultados. Jamais cite documentos que não tenham sido pesquisados diretamente.

*** Procure priorizar a fundamentação de sua pesquisa a partir de fontes primárias. As fontes secundárias devem ser utilizadas preferencialmente como material de apoio. Afinal, seria incoerente centrar toda a sua pesquisa em material bibliográfico ao qual você não tem acesso.

Caso você esteja citando Aristóteles (fonte primária), evite citá-lo por intermédio de outro autor (fonte secundária).

Caso contrário, em primeiro lugar, você estará demonstrando a sua falta de esforço na pesquisa, já que não se trata de obra esgotada, não traduzida ou inacessível. Inacessível aqui não se refere à remota localidade de Vila Mandioquinha do Norte, que não dispõe de livrarias ou bibliotecas; significa inacessível no território **nacional**. Em segundo lugar, você estará correndo o risco de reproduzir interpretação ou entendimento duvidoso sobre o autor principal. E, é claro, você não iria querer isso, não é mesmo?

---

g) **Texto traduzido em citação direta.** Segundo a NBR 10.520 da ABNT, quando você fizer citação direta a partir de uma obra em língua estrangeira, imediatamente após a referência da citação traduzida, deve aparecer também a expressão *tradução nossa*. Neste caso a responsabilidade pela correta tradução é do autor do trabalho. Entretanto, por exigência de rigor na apresentação da pesquisa científica é recomendação acadêmica que o texto original seja apresentado, facultando a comparação pelo leitor. Se você estiver utilizando o sistema de chamada autor-data, logo após a citação direta com o trecho traduzido, acrescente ao final dos dados a expressão *tradução nossa* e remeta para uma nota de rodapé a versão original do texto traduzido a título de nota explicativa. Caso o trabalho esteja seguindo o sistema numérico, a nota de rodapé respectiva deve incluir o trecho original após o término das referências.

Exemplos:

– no sistema de chamada autor-data

Neste sentido, pode-se afirmar que:

> Na medida em que o juiz procura uma solução aceitável para os pleiteantes, para seus superiores e para a opinião pública esclarecida, ele deve conhecer os valores dominantes na sociedade, suas tradições, sua história, a metodologia jurídica, as teorias que são reconhecidas por ela, as consequências sociais e econômicas de tal ou tal tomada de posição, os méritos respectivos da segurança jurídica e da equidade na situação dada.[1] (PERELMAN, 1984, p. 84, tradução nossa)

---

1. Dans la mesure où le juge recherche une solution acceptable pour les plaideurs, ses supérieurs et l'opinion publique éclairée, il doit connaître les valeurs dominantes dans la société, ses traditions, son histoire, la méthodologie juridique, les théories qui y sont reconnues, les conséquences sociales et économiques de telle ou telle prise de position, les mérites respectifs de la securité juridique et de l'équité dans la situation donnée. (PERELMAN, 1984, p. 84)

– no sistema de chamada numérico

Neste sentido, pode-se afirmar que:

> Na medida em que o juiz procura uma solução aceitável para os pleiteantes, para seus superiores e para a opinião pública esclarecida, ele deve conhecer os valores dominantes na sociedade, suas tradições, sua história, a metodologia jurídica, as teorias que são reconhecidas por ela, as consequências sociais e econômicas de tal ou tal tomada de posição, os méritos respectivos da segurança jurídica e da equidade na situação dada.[1]

---

1. Dans la mesure où le juge recherche une solution acceptable pour les plaideurs, ses supérieurs et l'opinion publique éclairée, il doit connaître les valeurs dominantes dans la société, ses traditions, son histoire, la méthodologie juridique, les théories qui y sont reconnues, les conséquences sociales et économiques de telle ou telle prise de position, les mérites respectifs de la securité juridique et de l'équité dans la situation donnée. PERELMAN, Chaïm. La réforme de l'enseignement du droit et la «Nouvelle Rhétorique». In: *Le raisonnable et le déraisonnable en droit – au-delà du positivisme juridique*. Paris: Librairie Générale de Droit et Jurisprudence, 1984. p. 84, tradução nossa.

---

h) **Informações obtidas por meios informais.** Quando você fizer uma citação a partir de informações obtidas por meios informais, tais como palestras, debates, entrevistas, anotações de aula, correspondências etc., somente a faça quando for possível a sua comprovação ou em casos muito especiais. Caso a informação tenha sido obtida oralmente (palestra, debates, comunicações, aula), indique entre parênteses a expressão *informação verbal*.

Exemplo:

João Almeida, em palestra proferida em 15 de abril de 1999, destacou que os juros nos Estados Unidos da América do Norte devem cair, mas a pouca confiança da população no futuro imediato deve atrasar a recuperação da economia (informação verbal).

1.4 Sistemas de chamadas para citação de fontes

Para indicar as fontes consultadas na elaboração de uma pesquisa, a ABNT recomenda a utilização de apenas um dos seguintes sistemas: *autor-data* **ou** *numérico*. **Os dois sistemas não podem ser utilizados simultaneamente no mesmo trabalho.**

Você deverá **obrigatoriamente** optar por um dos dois sistemas de chamada e aplicá-lo ao longo de toda a sua pesquisa. Na sequência explicaremos cada um deles.

1.4.1 Sistema autor-data

No caso da utilização do sistema autor-data, na indicação da fonte deverá constar o sobrenome do autor, da Instituição responsável ou do título em letras maiúsculas, seguidos da data de publicação da obra, e a página de onde foi retirada a citação, as três informações separadas por vírgula e todas elas entre parênteses. As referências completas deverão constar em lista separada, ao final do trabalho.

Exemplo para o caso de autor:

Portanto, "todo conhecimento, toda ciência, toda tecnologia se baseia no conhecimento de relações entre causas e efeitos". (ALVES, 2000, p. 126)

Exemplo para o caso de Instituição:

(ABNT, 2000, p. 2)

Exemplo para o caso de título:

(DEPOIMENTOS..., 2000, p. 21-56)

O sistema de chamada autor-data permite a utilização de notas explicativas no rodapé da página na qual consta sua indicação.

Assim, se forem necessários comentários fora do corpo do texto, eles serão alocados nesta modalidade especial de nota de rodapé, que deverá ser empregada **exclusivamente** para este fim. Não inclua referências nestas notas para não confundir os dois sistemas de chamada.

Quando na própria citação direta do texto já constar o nome do autor, da Instituição responsável ou do título incluído na sentença, a entrada deve ocorrer em letras maiúsculas e minúsculas. Nesse caso, deverá aparecer entre parênteses somente a data de publicação da obra e a respectiva página.

286

Exemplo para o caso de autor:

Para Alves (2000, p. 126), "todo conhecimento, toda ciência, toda tecnologia se baseia no conhecimento de relações entre causas e efeitos".

Exemplo para o caso de Instituição:

Segundo a ABNT (2000, p. 2), a monografia é um "documento constituído de uma só parte ou de um número preestabelecido de partes que se complementam".

Exemplo para o caso de título:

Depoimento... (2000, p. 34-78)

a) **Dois autores com o mesmo sobrenome e data**

Caso haja dois autores com o mesmo sobrenome e a mesma data, a fim de evitar confusão na identificação da fonte, recomendamos que você acrescente as iniciais dos prenomes dos autores. Se mesmo assim existir coincidência, colocam-se os prenomes por extenso.

Exemplo:

(SOUZA, M. O., 1998, p. 30) e (SOUZA, N. M., 1998, p. 50)

b) **Várias obras da mesma autoria.**

Na hipótese de haver várias obras de um mesmo autor, o primeiro passo será diferenciar as obras pelas datas de publicação. Caso haja coincidência de datas, acrescente, logo após o ano, letras minúsculas pela ordem alfabética, tantas quantas forem necessárias e sem espaçamento. A mesma identificação deverá ser feita ao final do trabalho nas Referências.

Exemplo:
– (SOUZA, 1980a, p. 10);
– (SOUZA, 1980b, p. 30); e
– (SOUZA, 1980c, p. 87).

Nas citações indiretas de um mesmo autor, mas a partir de documentos diferentes citados simultaneamente, observe a indicação de cada data das publicações mencionadas separadas por vírgula.

Exemplo:
Esta orientação finalista guarda uma continuidade com o racionalismo cartesiano, na medida em que entre ambos há pelo menos um ponto de contato: todo desacordo reflete um erro, uma imperfeição. (PERELMAN, 1964, 1988, 1989)

c) **Diferentes autores na mesma citação.**

Caso as diversas publicações mencionadas simultaneamente em uma mesma citação indireta sejam de diferentes autores, organize os autores e datas em ordem alfabética, separados por ponto e vírgula.

Exemplo:

A razão analítica se coaduna com o ideal de verdade da tradição filosófica do Ocidente desde a Lógica aristotélica até a tendência contemporânea de matematização da Lógica e de todo o conhecimento. (BARILLI, 1979; RUYTYNX, 1963; VERSTAETEN, 1963)

d) **Obras de dois autores.**

Em citações de obras com dois autores, deve ser incluído o sobrenome de ambos, separados por ponto e vírgula.

Exemplo:

(SILVA; SOUZA, 1999, p. 34)

e) **Obras com vários autores.**

Quando houver até três autores todos os nomes devem ser indicados na citação e nas referências.

No caso de haver quatro ou mais autores da obra, de acordo com a ABNT convém constar o nome de todos. Porém, é permitida também a indicação apenas o nome do primeiro autor seguido da expressão *"et al."* *em itálico.*

Exemplo:

(SILVA et al., 1999, p. 30)

f) **Citação de citação (apud).**

No caso de citação de citação de um autor, primeiro mencionamos o nome do autor citado seguido da expressão *"apud"*, em seguida o nome do autor que estamos citando, depois incluímos o ano e a página.

Exemplo:

(SOUZA apud SILVA, 1999, p. 15); e

Conforme Souza (apud SILVA, 1999, p. 23)

1.4.2 Sistema numérico

Pelo sistema de chamada numérico podemos citar a fonte consultada por meio de notas de rodapé. As notas são indicadas por uma numeração no corpo do texto e repetidas no rodapé da página em que está a citação. Na nota deverão constar as informações sobre a obra consultada. Conceitos ou esclarecimentos que o autor do trabalho julgar necessários para a melhor compreensão do conteúdo da pesquisa não poderão constar das notas de rodapé no sistema numérico. Nesse caso, adote o sistema autor-data.

Mesmo que venha a optar pelo sistema de chamada numérico de citação, ao final do seu trabalho deverão constar as referências completas de todos os documentos mencionados nas notas de rodapé.

As notas mencionadas no corpo do texto e no rodapé devem ser numeradas em ordem crescente. Você terá a opção de numerá-las por capítulo ou englobando todo o corpo da pesquisa. Mas, **ATENÇÃO**: Introdução e Conclusão não são locais apropriados para notas de rodapé, isto porque, você já sabe, a Introdução é o espaço destinado à apresentação de seu trabalho, onde a argumentação envolvendo suas intenções de pesquisa se dará, e toda revisão bibliográfica será feita depois dela e antes da Conclusão. A essa altura o que tinha de novo a ser dito já o foi; portanto, o momento da Conclusão é dedicado a amarrar suas ponderações sobre o conjunto do trabalho e o resultado da pesquisa. **Não insira informações novas na Conclusão!**

No entanto, como vimos anteriormente, alguma exceção pode ser feita para o caso de você querer ilustrar o trabalho com alguma citação de um pensador ou escritos famosos, uma ideia poética e inspiradora, uma frase de Shakespeare, por exemplo. Mas esqueça qualquer referência de peso, isto é, que esteja intrinsecamente comprometida com o desenrolar de sua argumentação no texto.

Caso você opte por numerar as notas por capítulo, toda vez que começar um novo capítulo, a numeração recomeça do número um. Jamais faça a numeração das notas por página. A numeração sempre deve ser estabelecida no conjunto do trabalho ou por capítulo.

Nunca é demais lembrar que

... a numeração do corpo do texto deverá corresponder à numeração da NOTA DE RODAPÉ!!!

Os números indicados no corpo do texto podem constar ou entre parênteses ou sobrescrito, imediatamente após a citação ou passagem a ser esclarecida.

Exemplo:

– Monteiro registra que...(1);

– Monteiro registra que...[1]

A nota de rodapé poderá ser apresentada das seguintes formas:

---

(1) MONTEIRO, C. S. *Teoria da argumentação jurídica e nova retórica.* Rio de Janeiro: Lumen Juris, 2001. p. 10

[1] MONTEIRO, C. S. *Teoria da argumentação jurídica e nova retórica.* Rio de Janeiro: Lumen Juris, 2001. p. 10

Importante!

Na primeira citação de uma obra consultada e mencionada no seu trabalho sempre deve aparecer em nota de rodapé a referência completa; a partir de sua segunda ocorrência no texto podem-se utilizar os seguintes recursos:

a) <Idem> ou <Id.> = do mesmo autor;

b) <Ibidem> ou <Ibid.> = na mesma obra;

c) <opus citatum>, <opere citato> ou <op. cit.> = obra citada;

Exemplo: SOUZA, op. cit., p. 45

---

d) <passim> = aqui e ali, em diversas passagens;

Exemplo: SOUZA, 2000, passim.

---

e) <loco citato> ou <loc. cit.> = no lugar citado;

Exemplos: SOUZA, 2000, p. 30

SOUZA, 2000, loc. cit.

---

f) <Cf.> = confira, confronte;

Exemplo: Cf. SOUZA, 2000, p. 45

---

g) <sequentia> ou <et seq.> = seguinte ou que se segue.

Exemplo: SOUZA, 2000, p. 30 et seq.

Obs.: *As expressões acima mencionadas devem ser utilizadas em notas de rodapé; não podem ser* *usadas no corpo do texto. As expressões constantes das alíneas a), b), c) e f) somente podem ser empregadas na mesma página a que se referem.*

Exemplos de uma só obra de um autor:

O significado "de Estado deve, portanto, além de indicar os elementos materiais 'neutros', refletir essa dupla característica: a política e a jurídica".[1]

Desta forma, a "ideia de uma sociedade política mundial dotada de um núcleo superior de poder político, é bastante antiga, embora suas primeiras manifestações sejam ainda imprecisas".[2]

---

[1] DALLARI, Dalmo de Abreu. *O futuro do Estado*. São Paulo: Saraiva, 2001. p. 47

[2] Id. Ibid., p. 71 *ou,*

[2] DALLARI, D. A., op. cit., p. 71 *ou,*

[2] DALLARI, 2001, p. 71

Exemplos de várias obras de um só autor:

Portanto, "nessa configuração econômica e social se apalpa a tragédia da recolonização".[1]

---

[1] BONAVIDES, Paulo. *Teoria constitucional da democracia participativa*. São Paulo: Malheiros, 2001, p. 73

Pode-se afirmar, portanto, que no "conceito de legitimidade entram as crenças de determinada época, que presidem à manifestação do consentimento e da obediência".[2]

Neste raciocínio, o "decurso de tempo fez, portanto, inconstitucional a omissão legislativa".[3]

---

[2] Id. *Ciência Política*. 10. ed. São Paulo: Malheiros, 1997. p. 112
[3] Id. *Teoria constitucional...*, op. cit., p. 133 *ou,*
[3] BONAVIDES, 2001, p. 133

1.5 Notas de rodapé

As notas de rodapé servem para incluir elementos explicativos adicionais fora do corpo do texto e para indicar as referências das citações efetuadas em seu trabalho. Conforme a norma da ABNT 14.724/2011, as notas de rodapé ficam "separadas do texto por espaço simples entre as linhas e por um filete de 5 (cinco) centímetros, a partir da margem esquerda. Devem ser alinhadas, a partir da segunda linha da mesma nota, abaixo da primeira letra da primeira palavra, sem espaço entre elas e com fonte menor". Apesar de serem convencionalmente denominadas *notas de rodapé*, elas também podem ser alocadas nas margens do texto. Mas tal recurso, frequentemente utilizado em publicações editoriais, prejudica a formatação gráfica do trabalho acadêmico, uma vez que reduz as margens em demasia. Existem duas modalidades de notas de rodapé que variam de acordo com o sistema de chamada adotado: as notas explicativas e as notas de referências.

1.5.1 Notas explicativas

No decorrer do texto algumas questões, esclarecimentos ou discussões marginais ao objeto da pesquisa podem apresentar-se necessários. Esses comentários adicionais podem ser alocados em notas explicativas no rodapé da própria página. Dessa forma, podemos utilizar essa modalidade de nota de rodapé para evitar explicações demasiadamente longas no corpo do texto que poderiam prejudicar a compreensão e a linha de argumentação.

As notas explicativas de rodapé são também úteis como opção para desenvolver o acordo semântico sobre categorias estratégicas de sua pesquisa na medida em que forem aparecendo no corpo do texto; nesse caso, desde que todos os conceitos estejam nelas contemplados, o Glossário estaria dispensado.

Contudo, é importante que você observe um critério único para a utilização das notas de rodapé. Segundo a norma da ABNT 10.520/2002, a utilização de notas explicativas **exclui** a possibilidade de apresentarmos referências a fontes de citações diretas ou indiretas nas notas de rodapé. Então, perceba que se você optar pelo sistema de chamada autor-data a nota de rodapé poderá ser empregada para apresentar os comentários explicativos adicionais ao texto; entretanto, se a escolha do sistema de chamada for o numérico, o uso de notas explicativas fica prejudicado. Neste caso, todos os comentários deverão estar presentes no próprio corpo do texto.

1.5.2 Notas de referências

Quando se opta pelo sistema de chamada numérico, fica necessariamente implícita a exigência de confecção de notas de referência no rodapé da página na qual estão indicadas as respectivas citações. Observe que a utilização de nota de rodapé para a apresentação das referências das citações realizadas é **exclusiva** do sistema numérico e não deve ser empregada para desenvolver comentários fora do corpo do texto na qualidade de notas explicativas. Se a redação de seu trabalho acadêmico requisitar quantidades relevantes desse tipo de comentários que poderiam ofuscar a compreensão do texto principal, opte pelo sistema de chamada autor-data.

1.6 Numeração de páginas citadas

As regras para numeração de páginas citadas que seguem devem ser aplicadas, tanto para o sistema de chamada autor-data como para o sistema de chamada numérico de citação, ainda nas seguintes situações:

a) **Páginas consecutivas.** Quando você precisar citar páginas consecutivas, os números das páginas inicial e final devem vir separados por hífen;

Exemplo:

(p. 80-98)

(p. 20-21)

b) **Páginas alternadas.** Quando as páginas não forem consecutivas, os números devem vir separados por vírgula.

Exemplo:

(p. 6, 9, 34)

(p. 10, 22, 54, 56, 78)

Obs.: *As páginas citadas numa mesma situação podem ser consecutivas ou não*, aparecendo da seguinte forma:

(p. 10, 22-23, 54, 56-67, 78)

2 Referências

Neste capítulo vamos aprender como se vence o desafio de citar os documentos que devem constar nas Referências. Se você tiver um mínimo de paciência e disciplina, verá que aos poucos, com a prática, o emprego das normas técnicas passará a ser algo comum em sua vida, como dirigir automóvel ou andar de bicicleta.

2.1 Referência

Podemos definir a referência como o conjunto de elementos essenciais que permitem a identificação da fonte de pesquisa utilizada no decorrer do trabalho científico ou acadêmico. Pode ser: livro, revista, jornal, legislação, jurisprudência, material audiovisual etc. Ao final do trabalho, as identificações de todas as fontes efetivamente utilizadas na realização do trabalho serão organizadas em uma lista alfabética denominada *Referências*.

Tomando por base a NBR 6.023/2018 (corrigida em 2020) e a NBR 14.724/2011, vamos destacar os principais cuidados que você deve ter quando for elaborar essa lista de documentos referenciados no texto.

2.2 Regras para elaboração de referência

A elaboração de cada unidade de referência requer a observação das diretivas técnicas que você verá detalhadas a seguir.

2.2.1 Alinhamento

O parágrafo contendo cada unidade de referência deve ser alinhado somente à margem esquerda, não justificado, de forma que possibilite a identificação individual do documento, em espaço simples e cada documento separado entre si por uma linha em branco com espaço simples.

Exemplo:

LUNA, Sergio Vasconcelos de. *Planejamento de pesquisa*: uma introdução. São Paulo: EDUC, 2000.

NICOLAU, Jairo Marconi. *Sistemas eleitorais*: uma introdução. Rio de Janeiro: FGV, 1999.

2.2.2 Pontuação e elementos

Todas as referências devem ser padronizadas e uniformes. Observe a forma correta de efetuá-las a partir dos exemplos que serão apresentados neste capítulo. Toda referência é constituída de elementos essenciais e, quando necessário, acrescida de elementos complementares.

Nos exemplos que serão apresentados neste item, você poderá acompanhar como se procede à pontuação:

a) os elementos essenciais de uma referência são: autor(res), título, subtítulo (se houver), nº da edição, local, editora e data de publicação;

b) os elementos complementares são: indicações de outros tipos de responsabilidade (ilustrador, tradutor, revisor, adaptador, compilador etc.); informações sobre características físicas do suporte material, como: páginas e/ou volumes, ilustrações, dimensões, série editorial ou coleção, notas, ISBN (International Standart Book Numbering) e DOI (Digital Object Identifier) além de outros.

Exemplos:

a) *Livro*

LUNA, Sergio Vasconcelos de. *Planejamento de pesquisa*: uma introdução. São Paulo: EDUC, 2000. 108 p. 18 cm. Referências p.106-7. ISBN 85-283-0103-6.

b) *Tese*

MEZZAROBA, Orides. *Da representação política liberal ao desafio de uma democracia partidária*: o impasse constitucional da democracia representativa brasileira. 2000. Orientador: Nilson Borges Filho. 545 f. Tese (Doutorado em Direito) – Curso de Pós-Graduação em Direito, Universidade Federal de Santa Catarina, Florianópolis, 2000.

c) *Dicionário*

SPALDING, Tassilo Orfheu. *Dicionário de mitologia greco-latina*. Belo Horizonte: Itatiaia, 1965.

d) *Folheto*

ASSOCIAÇÃO BRASILEIRA DE NORMAS TÉCNICAS. *NBR 14.724*: informação e documentação – trabalhos acadêmicos – apresentação. Rio de Janeiro, 2011. 6 p.

e) *Artigo*

LOEVINSOHN, Benjamin. *Performance-based contracting for health services in developing countries*: a toolkit Washington, DC: The World Bank, 2008, 202 p. DOI 101596/978-0-8213-7536-5. Disponível em: http://wwww.who.int/management/resources/fnances /CoverSection1.pdf. Acesso em 7 de maio 2010.

2.2.3 Títulos

Os recursos tipográficos, como negrito, grifo ou itálico, utilizados para destacar os títulos de documentos consultados na pesquisa, devem ser uniformes em todas as referências de um mesmo trabalho e também nas notas de rodapé, caso você esteja utilizando o sistema de chamada numérico.

Exemplos:

a) Destaque do título em itálico:
CHAUI, Marilena de Souza. *Escritos sobre a universidade*. São Paulo: UNESP, 2001.
b) Destaque do título em negrito:
CHAUI, Marilena de Souza. **Escritos sobre a universidade**. São Paulo: UNESP, 2001.
c) Destaque do título sublinhado:
CHAUI, Marilena de Souza. Escritos sobre a universidade. São Paulo: UNESP, 2001.

Lembrete: *no seu trabalho utilize sempre o mesmo padrão, tanto para as notas de rodapé como para as Referências.*

a) O título e o subtítulo devem ser reproduzidos conforme figuram no documento consultado, separados por dois-pontos. O subtítulo não deve vir com destaque;

Exemplo:

LUNA, Sergio Vasconcelos de. *Planejamento de pesquisa*: uma introdução. São Paulo: EDUC, 2000.

---

b) No caso de o título e o subtítulo serem demasiadamente longos, podem ser suprimidos, desde que não seja alterado o seu sentido. Nesse caso, a supressão é substituída por reticências.

Exemplo:

RAMIREZ, Manuel. *Partidos políticos y constitución:* un estudio de las actitudes parlamentarias [...] Madrid: Centro de Estudios Constitucionales, 1989.

2.2.4 Abreviaturas

As abreviaturas a serem utilizadas nas notas de rodapé e nas Referências devem seguir rigorosamente os padrões da ABNT. Vejamos as principais:

a) **Edição** substitua por <ed.>;

Exemplos:

LUNA, Sergio Vasconcelos de. *Planejamento de pesquisa*: uma introdução. 2. ed. São Paulo: EDUC, 2001.

Obs.: Quando o documento informar edição revista ou atualizada, proceda da seguinte forma:

RODRIGUES, Silvio. *Curso de direito civil.* 14. ed. rev. atual. São Paulo: Saraiva, 1998.

b) **Número** substitua por <n.>;

Exemplo:

MONTEIRO, Cláudia Servilha. Direito argumentativo e direito discursivo: a contribuição de Perelman e o desafio de Habermas para a teoria da argumentação jurídica.

304

Revista Sequência, Curso de Pós-Graduação em Direito da Universidade Federal de Santa Catarina, Florianópolis, n. 40, p. 87-107, 2000.

c) **Página** substitua por <p.>;

Exemplo para artigos de periódicos:

MONTEIRO, Cláudia Servilha. Direito argumentativo e direito discursivo: a contribuição de Perelman e o desafio de Habermas para a teoria da argumentação jurídica. *Revista Sequência,* Curso de Pós-Graduação em Direito da Universidade Federal de Santa Catarina, Florianópolis, n. 40, p. 87-107, 2000.

Exemplo para livro:

LUNA, Sergio Vasconcelos de. *Planejamento de pesquisa*: uma introdução. São Paulo: EDUC, 2000. 108 p.

Exemplo para partes de livro:

PILATI, José Isaac. Direitos autorais e internet. In: ROVER, Aires José (org.). *Direito, sociedade e informática:* limites e perspectivas da vida digital. Florianópolis: Fundação Boiteux, 2000. p. 127-134.

---

d) **Sem local definido** (a cidade não aparece no documento) substituir por **S.l.** [*sine loco*] em itálico entre colchetes: <[S.l.]>;

Exemplo:

FISICHELLA, Domenico. *La rappresentanza politica.* [S.l.]: Laterza, 1996.

Importante!

e) No caso de homônimos de cidades, acrescente as iniciais do Estado, do país etc.;

Exemplos:

– Jacutinga, RS;

– Jacutinga, MG.

f) No caso de haver mais de um local para uma só editora, inclua na referência o primeiro ou o mais destacado. Se na obra constam: São Paulo, Campinas e Bauru, neste caso você deve contemplar somente a cidade de São Paulo;

g) No caso de a obra estar **sem** nome, **sem editor ou editora**, substitua por **s.n.** [*sine nomine*] entre colchetes;

Exemplo:

MELO FRANCO, Afonso Arinos de. *História e teoria do partido político no direito constitucional brasileiro.* Rio de Janeiro: [s.n.], 1948.

h) Não havendo local nem editora, inclua entre colchetes:

<[S.l.: s.n.]>;

306

Exemplo:

MELO FRANCO, Afonso Arinos de. *História e teoria do partido político no direito constitucional brasileiro*. [S.l.: s.n.], 1948.

i) Caso seja possível identificar a editora, faça a indicação conforme figura no documento consultado, abrevie os prenomes e suprima palavras que designem sua natureza jurídica ou comercial. Por exemplo, utilize <EDUC> **e não** <Editora da Pontifícia Universidade Católica>;

Exemplo:

LUNA, Sergio Vasconcelos de. *Planejamento de pesquisa*: uma introdução. São Paulo: EDUC, 2000.

j) Caso a obra apresente mais de uma editora (coedição), inclua cada uma com a cidade respectiva, separadas por ponto e vírgula;

Exemplo:

PONTES DE MIRANDA, Francisco. *À margem do direito*: ensaio de psychologia jurídica. Rio de Janeiro: Francisco Alves; Lisboa: Aillaud, 1912.

k) Se não for possível fazer identificação de uma data, década ou século, registre o período aproximado entre colchetes, conforme os modelos que seguem:

[1971 ou 1972]	para um ano ou outro,
[1967?]	para data provável,
[1980]	para data certa, não indicada no item,
[entre 1950 e 1962]	para intervalos menores de 20 anos,
[ca. 1950]	para data aproximada,
[195-]	para década certa,
[195-?]	para década provável,
[19–]	para século certo,
[19–?]	para século provável;

Exemplo:

BARTHES, Roland. *Aula.* Tradução de Leyla Perron-Moisés. São Paulo: Cultrix, [198-?]. Tradução do original francês: *Leçon.*

l) Se existir mais de uma data, as duas devem ser indicadas apontando-se a relação entre elas;

Exemplo:

CROISET, A. *As democracias antigas.* Rio de Janeiro: Garnier, 1920 (impressão em 1923).

m) Se a obra tiver a indicação de **volume**, substitua por <v.>;

Exemplo:

SALES, Gabriela Bezerra. Psicanálise e poder. *Revista Roteiro*, Universidade do Oeste de Santa Catarina, Joaçaba, v. XVIII, n. 33, p. 88-96, jan./jun. 1995.

n) Na hipótese de o documento consultado possuir mais de um volume, indique a quantidade de volumes seguida da abreviatura.

Exemplo:

RODRIGUES, Silvio. *Curso de direito civil.* 14. ed. rev. atual. São Paulo: Saraiva, 1998. 7 v.

o) expressão *"In"* utilizada para se referir a parte de uma obra coletiva sempre deverá aparecer em itálico. Como também devem ser destacadas em itálico as expressões *"et al."* e [S.l].

Exemplo:

HABERMAS, Jürgen. Derecho natural y revolución. *In*: HABERMAS, Jürgen. *Teoría y praxis*: estudios de filosofía social. Tradução de Salvador Má Torres e Carlos Moya Espí. Madrid: Tecnos, 1990. Cap. 2, p. 87-162.

2.2.5 Repetição de entrada de sobrenome nas referências

Nas referências deve ser repetido o sobrenome do autor ou da entidade quando houver repetição de qualquer um deles na sequência.

Exemplo:

FREYRE, Gilberto. *Casa grande & senzala*: formação da família brasileira sob regime de economia patriarcal. Rio de Janeiro: J. Olympio, 1943. 2 v.

FREYRE, Gilberto. *Sobrados e mocambos*: decadência do patriarcado rural no Brasil. São Paulo: Nacional, 1936.

2.2.6 Autor

Com relação ao autor do documento, tome o máximo cuidado para que ele seja apresentado tal como é apresentado na obra consultada. Tanto nas Referências como em notas de rodapé, ele deve ser apresentado pelo sobrenome, em caixa alta, seguido do nome, em caixa alta e baixa, separados por vírgula. Quanto às indicações de parentesco, como: Neto, Filho, Júnior, Sobrinho etc., quase sempre fazem parte do nome e devem ser mencionadas por extenso, sempre acompanhadas pelo último sobrenome.

Exemplo:

– CRETELLA JÚNIOR, José.

– SANTOS NETO, Pedro.

– SANTOS, José Roberto.

Importante!

a) Caso o sobrenome pelo qual o autor é mais conhecido for um termo composto, cite-o por inteiro;

Exemplo:

COSTA GAMA, Pedro ou PONTES DE MIRANDA, Francisco.

b) Na hipótese de haver mais de um autor, separe um e outro por ponto e vírgula;

Exemplo:

CANOTILHO, J. J. Gomes; MOREIRA, Vital. *Os poderes do Presidente da República.* Coimbra: Coimbra, 1991.

c) Quando houver mais de quatro autores, organizadores, coordenadores, compiladores do documento, podem ser indicados os quatro ou apenas um deles, seguido da expressão *et al.* (em itálico). Até três autores devem ser indicados todos os nomes.

Exemplo:

MIRANDA, Jorge *et al. Legitimidade e legitimação da justiça constitucional.* Coimbra: Coimbra, 1995.

d) Em documentos em que haja organizador (org.), compilador (comp.), editor (ed.), coordenador (coord.), as referências devem ser feitas pelo nome de seu responsável;

Exemplo:

LYRA, Doreodó Araújo (org.). *Desordem e processo:* estudo sobre o Direito em homenagem a Roberto Lyra Filho. Porto Alegre: Fabris, 1986.

e) No caso de o autor ser desconhecido, a entrada da referência deve ser dada pelo título. Não utilize o termo "anônimo";

Exemplo:

MANUAL para monografia de direito. Chapecó: UNOESC, 2001.

f) Quando houver necessidade de incluir outros tipos de responsabilidade pela obra (atualização, notas etc.), faça-o logo após o título. As informações sempre serão encontradas no documento consultado;

Exemplo:

MEIRELLES, Hely Lopes. *Direito administrativo brasileiro.* 25. ed. Atualização de Eurico de Andrade Azevedo. São Paulo: Malheiros, 2000.

g) No caso de obra traduzida, além do tradutor, pode-se indicar o título no idioma original, quando mencionado;

Exemplo:

DUVERGER, Maurice. *Os partidos políticos.* Tradução de Cristiano Monteiro Oiticica. Rio de Janeiro: Guanabara, 1987. Título original: *Les partis politiques.*

h) Quando a obra for de responsabilidade de algum órgão (governo, associação, empresa, congresso, seminário etc.), a entrada deve ser dada pelo seu próprio nome.

Exemplo:

UNIVERSIDADE FEDERAL DE SANTA CATARINA. *Resumos das dissertações e teses defendidas no Curso de Pós-Graduação em Direito 1978-1993,* Florianópolis, 1994.

ABNT. *NBR 6.023*: apresentação de referências. 2. ed. Rio de Janeiro, 2018.

2.3 Modelos para citação nas Referências

Capítulos de livros (do mesmo autor)		HABERMAS, Jürgen. Derecho natural y revolución. *In*: HABERMAS, Jürgen. *Teoría y praxis:* estudios de filosofía social. Tradução de Salvador Má Torres e Carlos Moya Espí. Madrid: Tecnos, 1990. Cap. 2, p. 87-162. **Obs.**: inclua a partícula *"In" (em itálico)*, o capítulo e a página inicial e final do artigo.
Parte de uma obra, coletânea		PILATI, José Isaac. Direitos autorais e internet. In: ROVER, Aires José (org.). *Direito, sociedade e informática:* limites e perspectivas da vida digital. Florianópolis: Fundação Boiteux, 2000. p. 127-134. **Obs.**: inclua a partícula *"In" (em itálico)*, o capítulo e a página inicial e final do capítulo do livro.
Periódicos	**Revista como um todo**	REVISTA SEQÜÊNCIA. Florianópolis: Curso de Pós-Graduação em Direito da Universidade Federal de Santa Catarina, 2001. Trimestral.
	Número especial de revistas	ELEIÇÕES MUNICIPAIS 2000. Florianópolis: TRE, v. 1, n. 1, nov. de 2001. Edição Especial.
	Suplemento de periódico	A JUSTIÇA FEDERAL ATRAVÉS DE DOCUMENTOS. Brasília, DF: Conselho da Justiça Federal, v. 1, 1994. Suplemento.
	Artigo de revista institucional	SALES, Gabriela Bezerra. Psicanálise e Poder. *Revista Roteiro,* Universidade do Oeste de Santa Catarina, Joaçaba, v. XVIII, n. 33, p. 88-96, jan./jun. 1995.

Periódicos	**Artigo de revista**	ZAVERUCHA, Jorge. O congresso, o presidente e a justiça militar. *Justiça e Democracia*, São Paulo, n. 3, p. 141-152, 1997.
	Artigo de jornal diário	MARCELO, Cláudia. Crescem os lares sob chefia da mulher. *Diário Catarinense,* Florianópolis, p. 34, 12 de maio de 2002.
Documentos de eventos	**Anais de Congressos**	CONGRESSO JURÍDICO BRASIL-ALEMANHA, 7., 1996, Belo Horizonte. *Anais do VII Congresso Jurídico Brasil-Alemanha.* Belo Horizonte: Sociedade de Estudos Jurídicos Brasil-Alemanha, 1996.
	Resumos de encontros	SIMPÓSIO BRASIL-ALEMANHA, 4., 1998, Bonn, Alemanha. *A projeção do Brasil face ao século XXI*: livro de resumos. São Paulo: Fundação Konrad-Adenauer, 1998.
	Trabalhos publicados em Congressos	LAMOUNIER, Bolívar. Assegurar a governabilidade: perspectivas do futuro político e social do Brasil. In: SIMPÓSIO BRASIL-ALEMANHA, 4., 1998, Bonn, Alemanha. *A projeção do Brasil face ao século XXI.* São Paulo: Fundação Konrad-Adenauer, 1998, p. 83-90. **Obs.:** incluir antes do evento a partícula "*In*", em itálico.

Documentos jurídicos	**Constituições**	BRASIL. *Constituição da República Federativa do Brasil*. Brasília, DF: Senado Federal, 1988. SANTA CATARINA. *Constituição do Estado de Santa Catarina*. Florianópolis: Imprensa Oficial, 1989.
	Emendas Constitucionais	BRASIL. Constituição (1988). Emenda constitucional n. 8, de 15 de agosto de 1995. Altera o inciso XI e a alínea "a" do inciso XII do art. 21 da Constituição Federal. *Constituição da República Federativa do Brasil*. 24. ed. São Paulo: Saraiva, 2000. p. 180-181.
	Medidas Provisórias	BRASIL. Medida Provisória n. 2.214, de 31 de agosto de 2001. Altera o art. 1º da Lei nº 10.261, de 12 de julho de 2001, que desvincula, parcialmente, no exercício de 2001, a aplicação dos recursos de que tratam os arts. 48, 49 e 50 da Lei nº 9.478, de 6 de agosto de 1997, pertencentes à União. *Diário Oficial [da] República Federativa do Brasil*, Poder Executivo, Brasília, DF, 1º de setembro de 2001. Seção I-E, Edição Extra, p. 01
	Decretos	BRASIL. Decreto n. 2.173, de 5 de março de 1997. Aprova o regulamento da organização e do custeio da Seguridade Social. *Consolidação da Legislação Previdenciária*. 8. ed. São Paulo: Atlas, 1999. p. 43-101.
	Consolidação de Leis	BRASIL. *Consolidação da legislação previdenciária*: regulamento e legislação complementar. Organizador Aristeu de Oliveira. 6. ed. São Paulo: Atlas, 1997.

Documentos jurídicos	**Códigos**	BRASIL. *Código Eleitoral*. Organizador Antonio de Oliveira Moruzzi. 5. ed. São Paulo: Rideel, 1999.
	Jurispru-dências	BRASIL. Supremo Tribunal Federal. Agravo regimental em agravo de instrumento. Taxa de limpeza pública e IPTU. Identidade de base de cálculo. Impossibilidade. Agravo Regimental em Agravo de Instrumento n. 194.063-3. Agravante Município de São Paulo e Agravado Denise Carmona Fernandes. Relator Ministro Maurício Corrêa. 29 de abril de 1997. JAN-CZESKI, Célio Armando. *Taxas:* doutrina e jurisprudência. Curitiba: Juruá, 1999. p. 332-333.
	Súmulas	BRASIL. Supremo Tribunal Federal. Súmula n. 241. A contribuição previdenciária incide sobre o abono incorporado ao salário. *Previdência Social*. São Paulo: Saraiva, 1997. p. 395
Monografias, dissertações e teses		BAEZ, Narciso Leandro Xavier. *Execução de quantia certa contra a fazenda pública a partir da Constituição Federal de 1988*. 58 f. Mono-grafia (Especialização) – Curso de Direito Processual Civil, Universidade do Oeste de Santa Catarina, Chapecó, 2002.
		MONTEIRO, Cláudia Servilha. *Em busca de uma racionalidade prática para o direito:* a teoria da argumentação jurídica da nova retórica. Orientador: Leonel Severo Rocha. 251 f. Disser-tação (Mestrado em Direito) – Coordenação de Pós-Graduação em Direito da Universidade Federal de Santa Catarina, Florianópolis, 1999.

Monografias, dissertações e teses		MEZZAROBA, Orides. *Da representação política liberal ao desafio de uma democracia partidária:* o impasse constitucional da democracia representativa brasileira. 2000. Orientador: Nilson Borges Filho. 545 f. Tese (Doutorado em Direito) – Curso de Pós-Graduação em Direito, Universidade Federal de Santa Catarina, Florianópolis, 2000.
Meios eletrônicos	**Artigo de revista e jornal assinado**	VELOSO SOBRINHO, Manoel Lopes. Execução do pequeno valor contra a fazenda pública. Questão de sobrevivência e a lei de responsabilidade fiscal. *Jus Navigandi*, n. 50. Disponível em: http://www1.jus.com.br/doutrina/texto.asp?. Acesso em: 20 fev. 2002.
	Artigo de revista e jornal não assinado	A DECISÃO do STF sobre a Lei de Responsabilidade Fiscal. *Agência Estado,* São Paulo, 12 maio 2002. Disponível em: http://www.estadao.com.br. Acesso em: 12 maio 2002.
	Congresso científico	CONGRESSO INTERNACIONAL DE EDUCAÇÃO À DISTÂNCIA, 6., 1999. Rio de Janeiro. Anais eletrônicos... Rio de Janeiro, 1999. Disponível em: http://www.abed. org.br. Acesso em: 15 dez. 1999.
	Citação de trabalhos de congressos científicos	PEDROSA, Fernanda. Juristas declaram que a dívida externa é ilegítima e opressiva. In: FÓRUM SOCIAL MUNDIAL, 1, 2001, Porto Alegre. *Anais eletrônicos [...]* Porto Alegre, 2001. Disponível em: http://www.forumsocialmundial.org.br. Acesso em: 21 jan. 2002. **Obs.:** incluir a partícula <*In*>: antes do evento em itálico.

Meios eletrônicos	**Legislações (sempre iniciar pela jurisdição do órgão: Brasil, São Paulo, Bauru)**	BRASIL. Lei n. 9.279, de 14 de maio de 1996. Regula direitos e obrigações relativos à propriedade industrial. Disponível em: http://www.mct.gov.br/conjur/lei/lei. Acesso em: 24 nov. 2000.
	Súmulas em *homepage*	BRASIL. Supremo Tribunal Federal. *Súmula n. 608*. No crime de estupro, praticado mediante violência real, a ação penal é pública incondicionada. Disponível em: http://www.stf.gov.br. Acesso em: 12 maio 2002.
	e-mail	ROVER, Aires José. *Grupos de pesquisa do CNPq*. [mensagem pessoal]. Mensagem recebida por oridesmezza@aol.com em 10 mar. 2002.
	CD-ROM	ORDEM DOS ADVOGADOS DO BRASIL. *A OAB e o controle de constitucionalidade*. Brasília: ArqDigital, [2000]. 1 CD-ROM.
	Banco de dados	PRESIDÊNCIA DA REPÚBLICA FEDERATIVA DO BRASIL: banco de dados. Disponível em: http://www.planalto.gov.br. Acesso em: 23 abr. 2002.
	***homepage* institucional**	INFOJUR. Coordenação Aires José Rover. Desenvolvido pelo Centro de Ciências Jurídicas da Universidade Federal de Santa Catarina. Apresenta textos sobre informática jurídica. Disponível em: http://www.infojur.ccj.ufsc.br. Acesso em: 21 abr. 2002.

Entrevista em artigo de periódico	BAKKER, Mitchekk. Como obter sucesso na era do código aberto. Entrevistador: Chris Stanley, *HSM Management*, São Paulo, n.79, mar./abr/ 2010. Disponível em http:www.revistahsm.com. br/coluna/gary-hamel-e-gestão-na-era-da-criatividade/. Acesso em: 23 mar. 2010.
Entrevista em podcast	ANTICAST 66: as histórias e teorias das cores. Entrevistada: Luciana Martha Silveira. Entrevistadores: Ivan Mizanzuk, Rafael Ancara e Marcos Beccari. [*S.l*]: Braimstorm9, 31 jan. 2013. Podcast. Disponível em https:// soundcloud.com/anticastdesign/-66-as-hisriase/ s-Olmz9. Acesso em: 22 ago. 2014.
Redes Sociais – Twitter e Facebook	Diretor do SciElo, Abel Packer, apresenta hoje palestra na 4ª edição dos Simpósios Temáticos do Programa de Pós-Graduação em Química da UFMG. [São Paulo], 27 fev. 2015. Twitter: @redescielo. Disponível em https://twitter. com/redescielo/status/57126198882899969. Acesso em: 5 mar. 2015. ABNT. Sistemas de armazenagem. São Paulo, 19 set.2017. Facebook: ABNT Nor-mas Técnicas @ABNTOficial. Disponível em https://www.facebook.com/ABNTOficial/?hc. Acesso em: 21 set. 2017.
Correspondên-cia	PILLA, Luiz. [Correspondência]. Destinatário: Moysés Vellinho. Porto Alegre, 6 jun. 1979. 1 cartão pessoal.
Entrevistas gravadas	PEIXOTO, Luiz. *A pena de morte*: depoimento [jan. 1977]. Entrevistadores: Júlio Matos e André Castro. Florianópolis: Comitê de Direitos Humanos, 1977. 1 fita cassete (60 min.), estéreo. Entrevista concedida ao Comitê de Direitos Humanos.

Referências

ALVES, Rubem. *Filosofia da ciência:* introdução ao jogo e às suas regras. 2. ed. São Paulo: Loyola, 2000. 223 p.

ARANHA, Maria Lúcia de Arruda; MARTINS, Maria Helena Pires. *Temas de filosofia.* São Paulo: Moderna, 1992. 232 p.

ABNT. *NBR 6.023*: apresentação de referências. 2. ed. Rio de Janeiro, 2018. (corrigida 2020).

ABNT. *NBR 6.024*: numeração progressiva das seções de um documento, 2012.

ABNT. *NBR 6.027*: sumário, 2012.

ABNT. *NBR 6.028*: resumos, 2021.

ABNT. *NBR 6.029*: apresentação de livros, 2006.

ABNT. *NBR 6.034*: preparação de índices de publicações, 2004.

ABNT. *NBR 10.520*: informação e documentos. Apresentação de citações em documentos.

ABNT. *NBR 12.225*: títulos e lombadas, 2004.

ABNT. *NBR 14.724*: informação e documentação. Trabalhos acadêmicos. Apresentação, 2011.

ÁVILA, Vicente Fidelis de. *A pesquisa na dinâmica da vida e na essência da universidade*: ensaio de curso para estudantes, professores e outros profissionais. Campo Grande, MS: UFMS, 1995.

BAEZ, Narciso Leandro Xavier. *Execução de quantia certa contra a fazenda pública a partir da Constituição Federal de 1988.* 58 f. Monografia (Especialização) – Curso de Direito Processual Civil, Universidade do Oeste de Santa Catarina, Chapecó, 2002.

BARTHES, Roland. *Aula.* Tradução de Leyla Perrone-Moisés. São Paulo: Cultrix, [s.d]. 89 p.

BASTOS, Aurélio Wander. *Introdução à teoria do direito.* Rio de Janeiro: Liber Juris, 1992. 275 p.

BASTOS, Cleverson Leite; KELLER, Vicente. *Aprendendo a aprender*: introdução à metodologia científica. 12. ed. Petrópolis: Vozes, 1999. 67 p.

BONAVIDES, Paulo. *Ciência política.* 10. ed. São Paulo: Malheiros, 1997.

BONAVIDES, Paulo. *Teoria constitucional da democracia participativa.* São Paulo: Malheiros, 2001.

BORGES FILHO, Nilson. *Santos e pecadores*: o comportamento político dos militares Brasil-Portugal. Florianópolis: Paralelo 27, 1997.

BOTTOMORE, Tom (org.). *Dicionário do pensamento marxista.* Tradução de Waltemir Dutra. Rio de Janeiro: Zahar, 1988. 450 p.

BRASIL. *Código Eleitoral.* Organizador Antonio de Oliveira Moruzzi. 5. ed. São Paulo: Rideel, 1999.

BRASIL. Constituição (1988). Emenda constitucional n. 8, de 15 de agosto de 1995. Altera o inciso XI e a alínea "a" do inciso XII do art. 21 da Constituição Federal. *Constituição da República Federativa do Brasil.* 24. ed. São Paulo: Saraiva, 2000. p. 180-181.

BRASIL. *Consolidação da legislação previdenciária*: regulamento e legislação complementar. Organizador Aristeu de Oliveira. 6. ed. São Paulo: Atlas, 1997.

BRASIL. *Constituição da República Federativa do Brasil*. Brasília, DF: Senado Federal, 1988.

BRASIL. Decreto n. 2.173, de 5 de março de 1997. Aprova o regulamento da organização e do custeio da Seguridade Social. *Consolidação da Legislação Previdenciária*. 8. ed. São Paulo: Atlas, 1999. p. 43-101.

BRASIL. Lei n. 9.279, de 14 de maio de 1996. Regula direitos e obrigações relativos à propriedade industrial. Disponível em: http://www.mct.gov.br/conjur/lei/lei. Acesso em: 24 nov. 2000.

BRASIL. Medida Provisória n. 2.214, de 31 de agosto de 2001. Altera o art. 1º da Lei 10.261, de 12 de julho de 2001, que desvincula, parcialmente, no exercício de 2001, a aplicação dos recursos de que tratam os arts. 48, 49 e 50 da Lei nº 9.478, de 6 de agosto de 1997, pertencentes à União. *Diário Oficial [da] República Federativa do Brasil*, Poder Executivo, Brasília, DF, 1º de setembro de 2001. Seção I-E, Edição Extra, p. 01

BRASIL. Supremo Tribunal Federal. Súmula n. 241. A contribuição previdenciária incide sobre o abono incorporado ao salário. *Previdência social*. São Paulo: Saraiva, 1997. p. 395.

BRASIL. Supremo Tribunal Federal. Súmula n. 608. No crime de estupro, praticado mediante violência real, a ação penal é pública incondicionada. Disponível em: http://www.stf.gov.br. Acesso em: 12 maio 2002.

BUNGE, Mario. *Epistemologia*: curso de atualização. Tradução de Cláudio Navarra. 2. ed. São Paulo: T. A. Queiroz Editor, 1987.

CANOTILHO, J. J. Gomes; MOREIRA, Vital. *Os poderes do Presidente da República*. Coimbra: Coimbra Ed., 1991.

CAPRA, Fritjof. *A teia da vida*: uma nova concepção científica dos sistemas vivos. São Paulo: Cultrix, 1999.

CARRAHER, David W. *Senso crítico*: do dia a dia às ciências humanas. 5. ed. São Paulo: Pioneira, 1999.

CAVANNA, Adriano. *Storia del diritto moderno in Europa* – le fonti e il pensiero giuridico. Milano: Dott. A. Giuffrè, 1982.

CERVO, Amado Luiz; BERVIAN, Pedro Alcino. *Metodologia científica*. 3. ed. São Paulo: McGraw-Hill do Brasil, 1983.

CHAUI, Marilena. *Convite à filosofia*. São Paulo: Ática, 1994.

CHAUI, Marilena. *Escritos sobre a universidade*. São Paulo: UNESP, 2001.

CHAUI, Marilena. *Temas de filosofia*. São Paulo: Moderna, 1992.

CLÈVE, Clèmerson Merlin. *Fidelidade partidária*: estudo de caso. Curitiba: Juruá, 1988.

COLZANI, Valdir Francisco. *Guia para redação do trabalho científico*. Curitiba: Juruá, 2001.

CONGRESSO INTERNACIONAL DE EDUCAÇÃO À DISTÂNCIA, 6., 1999. Rio de Janeiro. *Anais eletrônicos...* Rio de Janeiro, 1999. Disponível em: http://www.abed.org.br. Acesso em: 15 dez. 1999.

CONGRESSO JURÍDICO BRASIL-ALEMANHA, 7., 1996, Belo Horizonte. *Anais do VII Congresso Jurídico Brasil--Alemanha*. Belo Horizonte: Sociedade de Estudos Jurídicos Brasil-Alemanha, 1996.

324

COPI, Irving M. *Introdução à lógica*. Tradução de Álvaro Cabral. 2. ed. São Paulo: Mestre Jou, 1978.

CROISET, A. *As democracias antigas*. Rio de Janeiro: Garnier, 1920 (impressão em 1923).

CUNHA, José Auri. *Filosofia*: iniciação à investigação filosófica. São Paulo: Atual, 1992.

DALLARI, Dalmo de Abreu. *O futuro do Estado*. São Paulo: Saraiva, 2001.

DECISÃO do STF sobre a Lei de Responsabilidade Fiscal, A. *Agência Estado*, São Paulo, 12 maio 2002. Disponível em: http://www.estadao.com.br. Acesso em: 12 maio 2002.

DEMO, Pedro. *Pesquisa e construção de conhecimento*: metodologia científica no caminho de Habermas. Rio de Janeiro: Tempo Brasileiro, 1994.

DMITRUK, Hilda Beatriz (org.). *Cadernos metodológicos*: diretrizes de metodologia científica. 5. ed. rev. e ampl. Chapecó: Argos, 2001.

DOMINGUES, José Maurício. *Teorias sociológicas no século XX*. Rio de Janeiro: Civilização Brasileira, 2001.

DUVERGER, Maurice. *Os partidos políticos*. Tradução de Cristiano Monteiro Oiticica. Rio de Janeiro: Guanabara, 1987.

ECO, Umberto. *Como se faz uma tese em ciências humanas*. Lisboa: Presença, 1989.

ELEIÇÕES MUNICIPAIS 2000. Florianópolis: TRE, v. 1, n. 1, nov. de 2001. Edição Especial.

FISICHELLA, Domenico. *La rappresentanza politica*. [S.l.]: Laterza, 1996.

FÓRUM SOCIAL MUNDIAL, 1., 2001, Porto Alegre. *Anais eletrônicos...* Porto Alegre, 2001. Disponível em: http://www.forumsocialmundial.org.br. Acesso em: 21 jan. 2002.

FREYRE, Gilberto. *Casa grande & senzala*: formação da família brasileira sob regime de economia patriarcal. Rio de Janeiro: J. Olympio, 1943. 2 v.

FREYRE, Gilberto. *Sobrados e mocambos*: decadência do patriarcado rural no Brasil. São Paulo: Nacional, 1936.

GIL, Antônio Carlos. *Métodos e técnicas de pesquisa social.* São Paulo: Atlas, 1987.

HABERMAS, Jürgen. *Teoría y praxis*: estudios de filosofía social. Traducción de Salvador Má Torres e Carlos Moya Espí. Madrid: Tecnos, 1990.

HAGUETTE, Teresa Maria Frota. *Metodologias qualitativas na sociologia.* Petrópolis: Vozes, 1999.

HELLER, Hermann. *Teoria do Estado.* Tradução de Lycurgo Gomes da Motta. São Paulo: Mestre Jou, 1968.

HESSE, Johannes. *Teoria do conhecimento.* Tradução de João Vergílio Galleroni Cuter. São Paulo: Martins Fontes, 2000.

HÜHNE, Leda Miranda. *Metodologia científica*: cadernos de textos e técnicas. 7. ed. Rio de Janeiro: Agir, 2000.

INFOJUR. Coordenação Aires José Rover. Desenvolvido pelo Centro de Ciências Jurídicas da Universidade Federal de Santa Catarina. Apresenta textos sobre informática jurídica. Disponível em: http://www.infojur.ccj.ufsc.br. Acesso em: 21 abr. 2002.

JANCZESKI, Célio Armando. *Taxas*: doutrina e jurisprudência. Curitiba: Juruá, 1999.

JASPERS, Karl. *Introdução ao pensamento filosófico.* São Paulo: Cultrix, 1971.

JUSTIÇA FEDERAL ATRAVÉS DE DOCUMENTOS, A. Brasília, DF: Conselho da Justiça Federal, v. 1, 1994. Suplemento.

LAKATOS, Eva Maria; ANDRADE MARCONI, Marina de. *Fundamentos de metodologia científica.* São Paulo: Atlas, 1985.

LEITE, Eduardo de Oliveira. *A monografia jurídica.* Porto Alegre: Fabris, 1985.

LUNA, Sergio Vasconcelos de. *Planejamento de pesquisa*: uma introdução. São Paulo: EDUC, 2000.

LYRA, Doreodó Araújo (org.). *Desordem e processo*: estudo sobre o Direito em homenagem a Roberto Lyra Filho. Porto Alegre: Fabris, 1986.

MANUAL para monografia de direito. Chapecó: UNOESC, 2001.

MARCELO, Cláudia. Crescem os lares sob chefia da mulher. *Diário Catarinense*, Florianópolis, p. 34, 12 de maio de 2002.

MARQUES NETO, Agostinho Ramalho. *A ciência do direito*: conceito, objeto, método. Rio de Janeiro: Forense, 1982.

MARTINS, Gilberto de Andrade. *Estudo de caso*: uma estratégia de pesquisa. 2. ed. São Paulo: Atlas, 2008.

MEIRELLES, Hely Lopes. *Direito administrativo brasileiro.* 25. ed. Atualização de Eurico de Andrade Azevedo. São Paulo: Malheiros, 2000.

MELO FRANCO, Afonso Arinos de. *História e teoria do partido político no direito constitucional brasileiro.* Rio de Janeiro: [s.n.], 1948.

MEZZAROBA, Orides. *Da representação política liberal ao desafio de uma democracia partidária*: o impasse constitucional da democracia representativa brasileira. Florianópolis, 2000. Orientador: Nilson Borges Filoho. 542 f. Tese (Doutorado em Direito) – Curso de Pós-Graduação em Direito, Universidade Federal de Santa Catarina.

MIRANDA, Jorge. *Legitimidade e legitimação da justiça constitucional*. Coimbra: Coimbra Ed., 1995.

MIRANDA, Jorge. *Manual de Direito Constitucional* – Tomo I. 6. ed. Coimbra: Coimbra Ed., 1997.

MONTEIRO, Cláudia Servilha. Direito argumentativo e direito discursivo: a contribuição de Perelman e o desafio de Habermas para a teoria da argumentação jurídica. *Revista Sequência,* Curso de Pós-Graduação em Direito da Universidade Federal de Santa Catarina, Florianópolis, n. 40, p. 87-107, 2000.

MONTEIRO, Cláudia Servilha. *Em busca de uma racionalidade prática para o direito*: *a teoria da argumentação jurídica da nova retórica*. Orientador: Leonel Severo Rocha. 251 f. Dissertação (Mestrado em Direito) – Coordenação de Pós-Graduação em Direito da Universidade Federal de Santa Catarina, Florianópolis, 1999.

MONTEIRO, Cláudia Servilha. *Teoria da argumentação jurídica e nova retórica*. Rio de Janeiro: Lumen Juris, 2001.

MORUS, Thomas. *A utopia*. Tradução de Luís de Andrade. Rio de Janeiro: Ediouro, [s.d.].

NICOLAU, Jairo Marconi. *Sistemas eleitorais*: uma introdução. Rio de Janeiro: FGV, 1999.

OLIVEIRA, Olga Maria Boschi Aguiar de. *Monografia jurídica*: orientações metodológicas para o trabalho de conclusão de curso. Porto Alegre: Síntese, 1999.

ORDEM DOS ADVOGADOS DO BRASIL. A OAB e o controle de constitucionalidade. Brasília: ArqDigital, [2000]. 1CD-ROM.

PASOLD, Cesar Luiz. *Prática da pesquisa jurídica*: ideias e ferramentas para o pesquisador do Direito. 6. ed. Florianópolis: OAB, 2002.

PEIXOTO, Luiz. *A pena de morte*: depoimento [jan. 1977]. Entrevistadores: Júlio Matos e André Castro. Florianópolis: Comitê de Direitos Humanos, 1977. 1 fita cassete (60 min.), estéreo. Entrevista concedida ao Comitê de Direitos Humanos.

PERELMAN, Chaïm. *Le raisonnable et le déraisonnable en Droit*: au-delà du positivisme juridique. Paris: Librairie Générale de Droit et de Jurisprudence, 1984.

PILATI, José Isaac. Direitos autorais e internet. In: ROVER, Aires José (org.). *Direito, sociedade e informática*: limites e perspectivas da vida digital. Florianópolis: Fundação Boiteux, 2000.

PILATI, José Isaac. *Teoria e prática do direito comparado*. Florianópolis: OAB, 2000.

PLATÃO. *A República*. Tradução de Maria Helena da Rocha Pereira. 5. ed. Lisboa: Fundação Calouste Gulbenkian, 1986.

PLATÃO. *Diálogos*. São Paulo: Nova Cultural, 1999. 219 p.

PONTES DE MIRANDA, Francisco. *À margem do direito*: ensaio de psychologia jurídica. Rio de Janeiro: Francisco Alves; Lisboa: Aillaud, 1992.

POPPER, Karl. *A lógica da pesquisa científica*. Tradução de Leônidas Hegenberg e Octanny S. da Mota. 5. ed. São Paulo: Cultrix, 1993.

POPPER, Karl. *Conjecturas e refutações*. Brasília: UnB, 1982.

PRESIDÊNCIA DA REPÚBLICA FEDERATIVA DO BRASIL: banco de dados. Disponível em: http://www.planalto. gov.br. Acesso em: 23 abr. 2002.

RAMIREZ, Manuel. *Partidos políticos y constitución*: un estudio de las actitudes parlamentarias... Madrid: Centro de Estudios Constitucionales, 1989.

REVISTA SEQUÊNCIA. Florianópolis: Curso de Pós- -Graduação em Direito da Universidade Federal de Santa Catarina, 2001. Trimestral.

ROCHA, Leonel Severo. *A problemática jurídica*: uma introdução transdisciplinar. Porto Alegre: Fabris, 1985.

RODRIGUES, Silvio. *Curso de direito civil.* 14. ed. rev. e atual. São Paulo: Saraiva, 1998.

ROVER, Aires José. *Grupos de pesquisa do CNPq.* [mensagem pessoal]. Mensagem recebida por oridesmezza@aol.com em 10 de mar. 2002.

SALES, Gabriela Bezerra. Psicanálise e poder. *Revista Roteiro*, Universidade do Oeste de Santa Catarina, Joaçaba, v. XVIII, n. 33, p. 88-96, jan./jun. 1995.

SANTA CATARINA. *Constituição do Estado de Santa Catarina.* Florianópolis: Imprensa Oficial, 1989.

SEVERINO, Antônio Joaquim. *Metodologia do trabalho científico*: diretrizes para o trabalho didático-científico na Universidade. São Paulo: Cortes & Moraes, 1980.

SILVA, Benedicto (Coord.). *Dicionário de ciências sociais.* 2. ed. Rio de Janeiro: FGV, 1987.

SIMPÓSIO BRASIL-ALEMANHA, 4., 1998, Bonn, Alemanha. *A projeção do Brasil face ao século XXI*: livro de resumos. São Paulo: Fundação Konrad-Adenauer, 1998.

SOUSA SANTOS, Boaventura de. *A crítica da razão indolente*: contra o desperdício da experiência. Para um novo senso comum: a ciência, o direito e a política na transição paradigmática. São Paulo: Cortez, 2000.

SPALDING, Tassilo Orfheu. *Dicionário de mitologia greco- -latina.* Belo Horizonte: Itatiaia, 1965.

TOURAINE, Alain. *Palavra e sangue*: política e sociedade na

América Latina. Tradução de Iraci D. Poleti. São Paulo: Trajetória Cultural; Campinas: Editora da UNICAMP, 1989.

TRIVIÑOS, Augusto N. S. *Introdução à pesquisa em ciências sociais.* São Paulo: Atlas, 1987.

UFSC/CPGD. *Convergência*: produção acadêmica, coletânea de sugestões. 4. ed. Florianópolis, 1988.

UFSC. *Resumos das dissertações e teses defendidas no Curso de Pós-Graduação em Direito 1978-1993,* Florianópolis, 1994.

VELOSO SOBRINHO, Manoel Lopes. Execução do pequeno valor contra a fazenda pública. Questão de sobrevivência e a lei de responsabilidade fiscal. *Jus Navigandi*, n. 50. Disponível em: http://www.1.jus.com.br/doutrina/texto.asp?. Acesso em: 20 fev. 2002.

VIEGAS, Waldyr. *Fundamentos de metodologia científica.* 2. ed. Brasília: Paralelo 15, UnB, 1999.

WARAT, Luis Alberto. *Manifesto do surrealismo jurídico.* São Paulo: Acadêmica, 1988.

ZAVERUCHA, Jorge. O congresso, o presidente e a justiça militar. *Justiça e Democracia*, São Paulo, n. 3, p. 141-152, 1997.

Índice analítico

A

Abreviatura, 234-235

Agradecimentos no relatório de pesquisa, 186

Alínea, 224-225 (*ver também* Seção; Subalínea)

Alinhamento (*ver* Parágrafo)

Anexo, 165, 207-208

Apêndice, 165, 207

Aprovação (*ver* Folha de aprovação)

Apud, 281-282

Artigo científico (*ver Paper*)

B

Behaviorismo (*ver* Comportamentalismo)

Bibliografia (*ver* Referência)

Bricolagem, 214-216

C

Capa de projetos, 136-137

Capa do relatório de pesquisa, 171-172

Ciência(s), 44

Citação, 273

de citação, 281-282 (*ver Apud*)

de fontes

sistemas de chamadas, 285-295 (*ver* Sistema)

de informações obtidas por meios informais, 284

direta ou textual, 276

curta, 277

ênfase ou destaque, 280

explicação adicional, 279

incorreção ou incoerência no texto, 280

informação obtida por meios informais, 284-285

longa, 277-278

supressão de texto, 279

tradução, 282-283 (*ver* Texto)
indireta ou livre, 275-276
tipos de, 274-275
Coletânea (*ver* Citação)
Comportamentalismo, 97-98
Conclusão de relatório de pesquisa, 204-205
Conhecimento, 1-21, 43-44
cientìfico, 41-44
filosófico, 30-32
mítico, 24-27
religioso, 27-29
vulgar, 32-38
Conjecturas (*ver* Hipótese)
Corpo do texto do relatório de pesquisa, 204
Cronograma de pesquisa, 161-162

D

Declaração de isenção de responsabilidade no relatório de pesquisa, 188-189
Dedicatória no relatório de pesquisa, 184-185
Delimitação do tema (*ver* Tema)
Dissertação, 127-130
componente da, 168-169
Dogmática
atitude, 12-15
Dossiê, 259

E

Empirismo, 98
Entrelinhas (*ver* Parágrafo)
Epígrafe no relatório de pesquisa, 186-187
Equação, 236
Errata no relatório de pesquisa, 180
Estratégia, 56-57
Estrutura da pesquisa, 160-161
Estruturalismo, 95-96
Estudo de caso, 119-123
comparado, 125-126
de categoria aplicada, 124-125
factual, 125
institucional, 124
Eventos
de processos judiciais e/ou administrativos, 126-127

F

Fenomenologia, 96-97
Ficha, 239
bibliográfica, 246-247
de aula, 245-246
de leitura, 241-245
destaques, 250-252
reflexiva, 255-256
resumo, 248-250
temática, 252-254
Fichamento (*ver* Ficha)
Folha

de aprovação do relatório de
  pesquisa, 180-183
de rosto do relatório de pesquisa, 175
Fonte
  tamanho da, 220-221
Formatação
  do relatório de pesquisa,
    218-219
  do trabalho, 220-236
Funcionalismo, 94-95

G

Glossário
  no projeto de pesquisa,
    163-164
  no relatório de pesquisa,
    206-207

H

Hipótese, 151
  de pesquisa, 151-154
    auxiliar, 153
    principal, 153

I

Identificação
  do projeto, 122-147
Ilustração, 232-233
Índice, 208-213
Introdução do relatório de pes-
  quisa, 203

Isenção de responsabilidade (*ver*
  Declaração de isenção de responsabilidade no relatório de
  pesquisa)

J

Justificativa da pesquisa, 156-
  157

L

Língua estrangeira (*ver* Resumo)
Língua vernácula (*ver* Resumo)
Linguagem
  estilo da, 216-217
Lista
  de abreviaturas, siglas e sím-
    bolos, 195-196
  de erros (*ver* Errata)
  de ilustrações, 213-214
  de tabelas, 195
Lombada do relatório de pesquisa, 174-175

M

Margens da folha (*ver* Página)
Marxismo, 99-100
Método, 49, 53-59
  auxiliar, 84
    comparativo, 89-90
    empírico (*ver* Método auxi-
      liar experimental)

estatístico, 86-87
experimental, 85
histórico, 87-89
científico, 49-55, 60-62
dedutivo, 65-68
dialético, 70-76
hipotético-dedutivo, 68-70
indutivo, 62-65
sistêmico, 76-83
Metodologia de pesquisa, 159-160
científica, 58
Mito
da caverna, 19-21
Monografia, 118-119
componentes, 167-168

N

Notas
de rodapé, 231, 295
de rodapé explicativas, 296-297
de rodapé referências, 297

O

Objetivos da pesquisa, 155-156
Objeto
cognoscível, 7-8, 22-23
Orçamento no projeto de pesquisa, 163

P

Página(s)
margens das, 243
numeração das, 242
número de, 236-238
Paper, 282-283
artigo científico, 288-289
autor/escola, 284
categorial, 284-285
comparativo, 285
estrutura do, 289-291
monobibliográfico, 284
resenha, 285-286
resenha crítica, 286-287
temático, 283
Paradigma(s), 37-40
Parágrafo(s)
alinhamento, 249
de citações diretas, 250-252
(*ver também* Citação)
espaçamento, 250
recuo especial da primeira linha, 249-250
Percepção, 27
Periódicos (*ver* Citação)
Pesquisa, 125-128
acadêmica, 139-188
descritiva, 136-137
prática, 132, 135-136
prescritiva, 137-138
projeto de, 156-158
qualitativa, 130-132
quantitativa, 129-130
teórica, 132-135

Positivismo, 98-119
  neo, 98
Primeira linha
  recuo (*ver* Parágrafo)
Problema de pesquisa, 146-151
Procedimento, 55-59
  técnico, 55-59
    componentes do, 132-140
    modelos de capas de projetos de, 138-140

R

Referência(s) no relatório de pesquisa, 206, 299-300
  abreviaturas em, 304-309
  alinhamento, 300
  autor, 309-313
    atualizador, 312
    mais de três autores, 311
    mais de um autor, 310-311
    organizador, compilador, editor, coordenador, 311
    responsável, 312
    sobrenome composto, 310
    tradução, 312
  lista de (*ver* Lista)
  modelos para citação em, 314-320
  pontuação, 301-302
  repetição de entrada em, 309
  títulos em, 302-303
Referencial teórico (*ver* Revisão bibliográfica)

Referências preliminares no projeto de pesquisa, 164
Referências formatação, 232
Resenha (*ver* *Paper*)
Resumo
  em língua estrangeira, 192-193
  em língua vernácula, 190-192
  ficha-resumo (*ver* Ficha)
    destaques da (*ver* Ficha)
  formatação, 231
Revisão bibliográfica, 157-159
Rodapé (*ver* Notas)

S

Seção, 222-223 (*ver* Alínea; Subalínea)
Senso
  comum, 36-38 (*ver* Conhecimento vulgar)
Símbolo, 236
Sistema(s)
  de chamada para citação de fontes, 285 (*ver também* Citação)
    autor-data, 285-290 (*ver também* Citação)
    numérico, 290-295 (*ver também* Citação)
Subalínea, 225 (*ver também* Alínea; Seção)
Sujeito
  cognoscente, 7-8, 22-23

Sumário
de projeto, 141
de relatório de pesquisa, 200-201

T

Tabela, 233-234
Tática, 56-57
Tema do projeto de pesquisa, 143-149
delimitação do, 147-149
Teoria
do conhecimento (*ver* Conhecimento)
geral dos sistemas (*ver* Sistema)
sistêmica, 93-94
Tese, 131-133

componentes, 169-171
Texto
divisão interna, 222-226 (*ver também* Seção)
incoerência no (*ver* Incorreção no texto)
incorreção no, 280
supressão do, 279
traduzido em citação direta, 282-283
Trabalhos didáticos de graduação, 257-259
Tradução (*ver* Citação; Texto)

V

Variável, 154-155
Verdade, 11-12